やさしい保育の教科書&
ワークブック

保育所実習の
事前・事後指導

佐藤賢一郎 著

北大路書房

まえがき

保育所実習に臨もうとしているみなさんへ

　私は，ある自治体の保育士として12年の間，保育所の子どもたちと関わってきました。たくさんの子どもたちに囲まれて過ごしてきたなかで，保育という仕事の楽しいところ，大変なところ，おもしろいところ，感動したところ，反省しなければならないところなど，さまざまな経験をしてきました。そして，この経験から得た知識や技術を，後の世代の保育者のために，何か発信できないものかと考え，現役の保育士を引退し，保育士養成校の教員へと転職しました。

　養成校の教員になって，初めて担当することになった授業は，「保育実習指導」と「保育課程論」。保育課程論については，「保育の計画とは何か？」といったテーマをもとに，実習指導案の立て方などを教えてきました。この授業は正直苦労しましたが，2年間担当してきたなかで，ようやく授業のコツがつかめてきました。

　一方，保育士養成校の教員に転職してからすでに1,000人以上の学生に教えてきた「保育実習指導（保育所実習のための事前・事後指導）」ですが，こちらの授業に関しては，年々内容が膨れ上がってきました。実は，保育実習指導という授業は，「保育原理」「保育者論」に始まり「保育内容総論」「保育課程論」「保育表現技術」などなど，これまで学んできた内容の総まとめのような授業になります。そのため，「これも確認しなきゃ」「あれももう一度話しておかないと」と，盛りだくさんになってまとまらなくなってしまうのです。

　また，もちろん実習の事前指導ですから，実習日数や実習の仕組みや単位の認定方法など，新しく教えなければならないこともたくさんあります。そして，先輩の教員からは「実習事前指導は，実習に行く前の最終チェックになる。本当にこの学生を実習園に配属していいのかの判断は，担当教員にかかっています」といった話を伺い，責任の大きい科目であることも理解しました。

　私は毎回レジュメを作成し，その内容にそって授業を進めてきました。本書は，これまで積み重ねてきた授業の成果として，授業用の教科書（テキスト）として使用できるようにと，レジュメを再構成し，書き上げたものです。本書を書くうえでの注意点として，授業でもそうなのですが，なるべく学生の目線に立って，学生が理解しやすいように読みやすい文章で書くことを心がけました。そのため，本のタイトルにも「やさしい」という言葉が使われています。今後，より深く，専門的に学びたい人は，巻末の参考資料などを読んでいただけたらと思います。

　保育実習生のみなさんに，できるだけ理解してもらえるように，工夫し，やさしさをこめて書きました。どうぞ，すてきな保育者になれますように，心からみなさんを応援しております。

2017年3月9日　佐藤賢一郎

もくじ

まえがき　i

第1部　保育実習指導Ⅰ（保育所）の手引き　1

第1回　「保育実習指導」という科目を理解する　2
- 保育士資格を取得するための科目の確認　………… 2

第2回　実習スケジュールの理解と実習の仕組み　4
1. 実習へ行く時期について　………… 4
2. なぜ「実習」をするのか？　………… 5
3. 実習における4つの段階　………… 6

第3回　保育所の役割　8
1. 保育所の目的と保育所保育指針　………… 8
2. 保育所の役割について　………… 9

第4回　実習での心得について考える　12
- 実習で気をつけなければならないこと　………… 12

第5回　保育所の1日を知る（0, 1, 2歳児クラス）　16
1. 0歳児クラス　………… 17
2. 1歳児クラス　………… 19
3. 2歳児クラス　………… 20

第6回　保育所の1日を知る（3, 4, 5歳児クラス）　21
1. 3歳児クラス　………… 22
2. 4歳児クラス　………… 23
3. 5歳児クラス　………… 24

第7回　保育所実習の配属発表と関係書類の作成　26
1. 実習の確認事項について　………… 26

ii

2 実習のための個人調書作成 …………………………… 27

第 8 回　実習の記録について学ぶ　28
　　1 実習記録の意義 ………………………………………… 28
　　2 実習記録の表記方法 …………………………………… 29

第 9 回　実習記録の書き方について学ぶ　32
　　1 １日の流れのページの留意点 ………………………… 32
　　2 考察のページの留意点 ………………………………… 35

第 10 回　部分実習指導案の作成　37
　　1 指導案の作成について ………………………………… 37
　　2 指導案作成の具体的な記載内容 ……………………… 39

第 11 回　指導計画の実際（模擬保育）　41
　　1 指導案の具体例 ………………………………………… 41
　　2 模擬保育の手順について ……………………………… 42

第 12 回　実習園のオリエンテーションについて学ぶ　43
　　1 実習園への電話のかけ方 ……………………………… 43
　　2 オリエンテーションで確認しておくこと …………… 45

第 13 回　実習前の最終確認　47
　　1 実習中の巡回指導について …………………………… 47
　　2 実習が終了してからの流れ …………………………… 49

第 14 回　実習の振り返りと自己評価　51
　　1 振り返りシートの作成 ………………………………… 51
　　2 自己評価をするにあたって …………………………… 52

第 15 回　保育所実習Ⅰの総括　53
　　❀ 報告書の作成 …………………………………………… 53

第2部 保育実習指導Ⅱ（保育所）の手引き　57

第1回　保育実習指導Ⅱについて理解する　58
1 保育実習Ⅱ（保育所）の意義について　………………… 58
2 振り返りの重要性について　………………… 58
3 保育者という仕事の専門性について　………………… 59

第2回　実習課題の共有と明確化　60
実習Ⅰの振り返りとグループワーク　………………… 60

第3回　実習Ⅱの目標および実習記録の確認　62
1 実習Ⅱの目標を考える　………………… 62
2 実習記録の確認　………………… 63

第4回　保育士の社会的責任と保育士倫理　64
1 保育所の社会的な役割　………………… 64
2 保育士の倫理観　………………… 65

第5回　保育所保育における養護の理念　66
1 養護の定義について　………………… 66
2 「養護」の重要性を理解する　………………… 66
3 「学びの芽生え」という位置づけを知る　………… 67
4 他者と関わる力の基礎をつくる　………………… 67
5 保育士の関わりの重要性を意識する　………………… 67

第6回　保育所保育における幼児教育の理念　68
1 幼児教育に共通するもの　………………… 68
2 保育所保育における「養護」と「教育」…………… 69

第7回　配慮の必要な子への関わり　70
1 発達の個人差について　………………… 70
2 「気質」の考え方　………………… 70
3 保育所に多い発達障害　………………… 71
4 特別なニーズを必要とする家庭への支援　………… 71

第 8 回　子育て支援の必要性について　72
　1 保育所保育指針における保護者支援の考え方 ……… 72
　2 実習生として何ができるのか ………………………… 73

第 9 回　1 日の指導計画を立案する　74
　1 責任実習指導案の作成手順 …………………………… 74
　2 全体的な計画と指導計画のつながり ………………… 75

第 10 回〜第 12 回　指導計画をもとに模擬保育を行う　76
　1 模擬保育の流れ ………………………………………… 76
　2 自己評価とコメントシート …………………………… 77

第 13 回　実習前の最終確認　78
　1 実習園とのオリエンテーション ……………………… 78
　2 巡回教員への挨拶 ……………………………………… 78
　3 実習中のストレスについて …………………………… 79
　4 実習終了後について …………………………………… 79

第 14 回〜第 15 回　自己評価と実習の総括　80

参考資料　81
おわりに　83

別冊付録　ワークブック

第1部

保育実習指導Ⅰ
（保育所）の手引き

第1部では保育実習指導Ⅰ（保育所）について解説していきたいと思います。初めての保育所実習ということで，緊張されると思いますが，一通り授業を受けて，しっかり準備をしていけば大丈夫です。
まずは読み進めてもらえたらと思います。

第1回
「保育実習指導」という科目を理解する

❋ 保育士資格を取得するための科目の確認

　みなさんは今，保育士資格の取得（幼稚園教諭免許を同時に取得する方も多いと思います）を目指していることと思います。この本は，保育士養成校（大学・短大・専門学校など）の教材として書かれていますので，この本を読んでいる人は，すでに保育に関する講義や演習科目をいくつか受けてきていることでしょう。今回は初回ということで，授業の中身に入る前に，保育士資格を取得するために必要な科目について，おさらいしてみましょう。

　保育士の資格は児童福祉法によって定められています。保育士の資格は「都道府県知事の指定する保育士を養成する学校その他の施設（指定保育士養成施設）を卒業した者」あるいは「保育士試験に合格したもの」に与えられます。

　保育士養成校で履修する単位は，以下のとおりになっています。これらの単位が認定されたうえで，保育士資格は取得することができます。もちろん，養成校を卒業するためには，ほかの単位も取得する必要がありますよ。

🌱 表1－1　保育士養成校で履修する単位

科目名	単位数	科目名	単位数
保育原理	2（講義）	保育課程論	2（講義）
教育原理	2（講義）	保育内容総論	1（演習）
児童家庭福祉	2（講義）	保育内容演習（5領域）	5（演習）
社会福祉	2（講義）	乳児保育	2（演習）
相談援助	1（演習）	障害児保育	2（演習）
社会的養護	2（講義）	社会的養護内容	1（演習）
保育者論	2（講義）	保育相談援助	1（演習）
保育の心理学Ⅰ 保育の心理学Ⅱ	2（講義） 1（演習）	保育の表現技術	4（演習）
子どもの保健Ⅰ 子どもの保健Ⅱ	4（講義） 1（演習）	保育実習Ⅰ	4（実習）
子どもの食と栄養	2（演習）	保育実習指導Ⅰ	2（演習）
家庭支援論	2（講義）	保育実践演習	2（演習）

注）このほか，選択必修科目として〔保育の本質・目的に関する科目〕〔保育の対象の理解に関する科目〕〔保育の内容・方法に関する科目〕〔保育の表現技術〕〔保育実習Ⅱ（実習2単位）〕〔保育実習指導Ⅱ（演習1単位）〕〔保育実習Ⅲ（実習2単位）〕〔保育実習指導Ⅲ（演習1単位）〕が含まれる。
資料）厚生労働省雇用均等・児童家庭局長「指定保育士養成施設の指定及び運営の基準について」（平成27年3月31日）

表1－1からもわかるように，保育士資格の取得には，さまざまな科目の単位を修得する必要がありますが，ただ単位がとれればいいというわけではありません。多くの養成校では，保育実習に行くための履修基準というものが設けられています。たとえば「必修科目の成績評定平均値が一定の基準を超えていなければならない」ということや「実習に行く年度までに，必修科目の○○単位を取得しなければならない」ということなど，保育実習へのハードルは高いといえるでしょう。

養成校によって，履修基準というのは異なります。多くの学校では「欠席が目立つ」「授業態度が悪い」といった，保育士としての資質に関わる項目を，実習への判断材料にしています。

　そして，その履修基準のなかには，この本の中身でもある「保育実習指導（保育所実習のための事前・事後指導）」という科目が入ってきます。この保育実習指導という科目は，「本当にこの学生を実習に行かせても大丈夫なのか？」という最後のチェックをするための科目だと思ってください。

　多くの養成校では「実習指導の授業から実習は始まっている！」という考え方のもとで授業が行われ，欠席や授業態度といった観点からはとても厳しく授業が行われています。そのため，「うちの学校だけ厳しい！」というわけではないことを，理解してくださいね。

本日の課題

□みなさんがこれまで学修してきた科目について，自分の養成校のカリキュラムマップを利用して振り返りをしてみましょう。▶▶▶別冊付録Ⅰ-1
□今日の授業の振り返りをしてみましょう。▶▶▶別冊付録　振り返りⅠ-1

第1部　保育実習指導Ⅰ（保育所）の手引き

第2回
実習スケジュールの理解と実習の仕組み

1 実習へ行く時期について

保育実習指導はⅠ（必修）とⅡ（選択必修）があります。たくさんの授業を受けながら，約2週間の実習に参加することは，スケジュール的にもたいへんなことと思います。実習の期間は，養成校によって異なると思いますが，以下に実習のスケジュール例を記しました。本日の課題①（p.5）をやってみましょう。

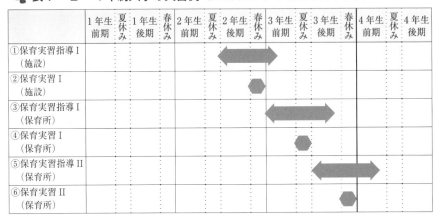

❀表1-2　4年制大学の実習例（養成校によって時期は異なります）

❀表1-3　2年制短大の実習例（養成校によって時期は異なります）

保育士のほかに，幼稚園教諭免許を取る人も多いと思います。とくに2年間で卒業する養成校の場合は，ハードスケジュールとなります。事前準備にも時間がかかりますので，アルバイトのやりすぎには気をつけましょう。

2 なぜ「実習」をするのか？

　実習の時期について書きこむことができたでしょうか。この作業をしていると学生から「もっと早く実習に行けたら卒業までに余裕がもてるのに！」という声が飛んできます。そんなときは，自動車の運転免許を想像してみるとわかりやすいでしょう。

　みなさんのなかには，すでに自動車の運転免許を取得している人も多いのではないでしょうか。運転免許を取得するためには，まず教本を用いて交通ルールや自動車の構造といった知識を覚え，筆記テストをクリアしなければなりません。その後，実際に自動車に乗って自動車学校の模擬コースを走ります。そして，仮免許を取得してからようやく実地運転として路上に出ます。この実地運転にあたるのが，保育実習です。何も勉強していない状態で，いきなり路上に出るわけにはいきません。同じように，ある程度の知識や技術を学内で覚えてから，外部に出るというわけです。

　自動車の運転と違い，保育所は資格取得前でもボランティアやアルバイトが可能な園は多いです。実習前，積極的に保育を体験しておくのがいいでしょう。

　ここまで述べてきたように，みなさんは養成校で保育のさまざまな科目を学習し，理論的なことや技術的なことを学んできました。そうして得た知識や技術を，実習ではいよいよ実際に子どもと直接関わって体験することができます。直接関わっていくことで，そうした理論的な面（子どもの発達理解や援助のあり方など）を実践的にとらえることができ，自分の学びを確認することができます。実習を楽しみにしながら，これからの授業もがんばっていきましょう。

本日の課題①

□みなさんの養成校では，どの時期に実習へ行きますか？　実際に書きこんでみましょう。▶▶▶別冊付録Ⅰ－2A

3 実習における4つの段階

ここでは,実習の4つの段階について説明しようと思います。実習の初日から「さあ,今日から担任の先生の代わりに保育をお願いします!」というわけにはいきませんね。実習の前半は,保育の見学や観察から始まり,徐々に保育へ参加していき,実習の後半には指導案を作成しての「部分実習」です。2回目の保育所実習では,最後に1日をとおして実習生が主として保育する「責任実習」という段階に進んでいきます。

(1) 観察(見学)実習

観察(見学)実習はその名のとおり,実際の保育を観察,見学することを目的とします。子どもの遊びや生活,保育士の動きや環境構成など,保育の全体を観察して記録をとります。観察(見学)実習をする際には,保育の妨げにならないよう,気をつけなければなりません。

(2) 参加実習

参加実習は,観察実習と同じように保育の中に入りつつ,実際に子どもたちと関わり,保育に参加していきます。子どもたちと関わることで,子どもの興味・関心や発達の理解も深まります。また,保育所生活の流れ,その意味や目的も理解できるでしょう。

見学(観察)実習と参加実習は,保育所実習の場合は同時に行われることも多いです。

(3) 部分実習

部分実習は,保育のリーダーである担任の先生に代わって,実習生が中心となって部分的に保育をする実習になります。ちょっとした時間に手遊び,本や紙芝居を読むことから始まり,実習Ⅰの後半には指導案を作成して,長めの部分実習にも挑戦できたらいいですね。

（4）責任（1日）実習

　責任（1日）実習は，保育のリーダーである担任の先生に代わって，実習生が中心となって半日もしくは1日の保育を進めていくことになります。部分実習と同様に，しっかりと指導案を作成します。1日の流れ（デイリープログラム）をもとにクラスの子どもの姿をふまえたうえで作成し，担当の先生にOKをもらったあとに実践します。実習する園の都合で責任（1日）実習の時間は異なりますが，できるだけ長い時間やらせてもらうようにしましょう。責任（1日）実習は保育所実習の総まとめとして行われます。しっかりとした事前準備のもとで計画していきましょう。

🌸 表1−4　実習における4つの段階

見学（観察）実習	参加実習	部分実習	責任（1日）実習

実習Ⅰ

実習Ⅱ

本日の課題②

・・・・・・・・・・・・・・・・・・・・・・・・・・・・・・・・・・・・・・

□保育実習に関する映像を視聴して，大事だと思うことを記入しましょう。

▶▶▶ 別冊付録Ⅰ−2B

【映像資料の例】

・『保育者へのあゆみ　第2巻　保育実習の実際〜保育所〜』社会福祉法人恩賜財団母子愛育会・日本子ども家庭総合研究所（監修）新宿スタジオ　1998年
・『はじめての保育実習』全2巻　全国保育士養成協議会（監修）新宿スタジオ　2002年
・『映像で見る　主体的な遊びで育つ子ども―あそんでぼくらは人間になる―』大豆生田啓友・中坪史典（編著）エイデル研究所　2016年

□今日の授業の振り返りをしてみましょう。▶▶▶ 別冊付録　振り返りⅠ−2

・・・・・・・・・・・・・・・・・・・・・・・・・・・・・・・・・・・・・・

第1部　保育実習指導Ⅰ（保育所）の手引き

第**3**回

保育所の役割

　保育所の役割について，みなさんは「保育原理」や「保育内容総論」といった授業で学んできたはずですが，どうも学生たちからは「そういえばやったような…」といった会話がちらほらとなされています。たしかに，養成校に入ったばかりで勉強する科目ではありますが，とても大切なことを勉強してきたと思いますので，一度思い出してみましょう。

1 保育所の目的と保育所保育指針

　保育所とは，児童福祉法第 39 条の規定に基づいて，何らかの理由により保育を必要とする子どもの保育を行い，子どもたちの最善の利益を守り，子どもたちを心身ともに健やかに育てることを目的とした児童福祉施設です。下の表で確認してみましょう。

🌼 表 1 − 5

施設名	保育所（国，都道府県，市町村，社会福祉法人，公益〔社団・財団〕法人，学校法人，NPO 法人，企業等が運営主体）
管轄行政庁	厚生労働省
根拠法律	児童福祉法第 39 条「保育所は，保育を必要とする乳児・幼児を日々保護者の下から通わせて保育を行うことを目的とする施設（利用定員が 20 人以上であるものに限り，幼保連携型認定こども園を除く。）とする。」
保育内容等	児童福祉施設の設備及び運営に関する基準，保育所保育指針
対象児	就学前の保育を必要とする乳幼児
子どもに対する保育士数	0 歳児 3 名　1 〜 2 歳児 6 名　3 歳児 20 名　4 〜 5 歳児 30 名　それぞれに対し保育士が 1 名以上担当する。
保育時間および子育て支援等	原則として 8 時間程度。開所時間は保育所の実情に応じており，長時間保育，休日保育，病児・病後児保育などが実施される。地域の子育て家庭に対する子育て相談，一時保育，体験保育などのさまざまな保育事業が展開されている。

✓ 保育所保育指針とは

　保育士養成校の学生ならば必ず持っている本といえば，保育所保育指針ですね。保育の内容に関すること，運営に関することについて記載されています。これまでに何度も改訂・改定されており，現在（平成29年9月時点），最新のものは2017年（平成29年）3月に厚生労働大臣より告示されたもの（以下，「保育指針」と呼称）になります。

幼稚園教育要領・幼保連携型認定こども園教育・保育要領とセットで購入した人も多いのではないでしょうか。また，わかりやすい解説書も発売されているので，しっかり理解していきましょうね。

2 保育所の役割について

　保育所の役割として，保育指針第1章の総則では以下のような記述がなされています。一部を抜粋してみます（下線は筆者）。

🌸 表1-6

（1）保育所の役割

ア　保育所は，児童福祉法（昭和22年法律第164号）第39条の規定に基づき，保育を必要とする子どもの保育を行い，その健全な心身の発達を図ることを目的とする児童福祉施設であり，入所する子どもの最善の利益を考慮し，その福祉を積極的に増進することに最もふさわしい生活の場でなければならない。

イ　保育所は，その目的を達成するために，保育に関する専門性を有する職員が，家庭との緊密な連携の下に，子どもの状況や発達過程を踏まえ，保育所における環境を通して，養護及び教育を一体的に行うことを特性としている。

ウ　保育所は，入所する子どもを保育するとともに，家庭や地域の様々な社会資源との連携を図りながら，入所する子どもの保護者に対する支援及び地域の子育て家庭に対する支援等を行う役割を担うものである。

エ　保育所における保育士は，児童福祉法第18条の4の規定を踏まえ，保育所の役割及び機能が適切に発揮されるように，倫理観に裏付けられた専門的知識，技術及び判断をもって，子どもを保育するとともに，子どもの保護者に対する保育に関する指導を行うものであり，その職責を遂行するための専門性の向上に絶えず努めなければならない。

前ページの保育指針では，保育所の役割としての記述がありましたが，ここでは「環境を通した保育」「養護及び教育の一体」「保護者に対する支援」「地域の子育て家庭に対する支援」という4つの事項について簡単に説明していこうと思います。

(1)「環境を通して保育する」とは
　「環境」という言葉の意味はたくさんあります。辞書を引くと「人，生物を取り巻く家庭・社会・自然などの外的な事の総体」と書かれていますが，ここでいう保育の「環境」とは，子ども一人一人を取り巻いている，園舎や保育室などの物的環境と，保育士や友達との人間関係といった人的環境のことを意味します。子どもたちがいろいろな環境から刺激を受けて，自分から「これは何だろう？」「あんなことしたい！」と興味・関心をもって主体的な生活を行っていけるように保育士は工夫をこらしています。

実習生の部分実習では，ある程度一方的に環境を与えることになりますが，短い実習期間であることを踏まえ，やむを得ないといえるでしょう。

(2)「養護及び教育を一体的に行うこと」とは
　0～2歳児クラスの保育では，「生命の保持及び情緒の安定」という，いわゆる「養護」が重要視されます。一方，3～5歳児クラスになると保育所は，幼保連携型認定こども園・幼稚園と同等の「幼児教育」が保障されています。しかし，ここで重要なのは，養護と教育はつながっていると考えることです。0～2歳児クラスの保育は，養護を中心とした生活のなかで，5領域の保育内容につながる段階を踏んできているわけです。「教育」という言葉に対して，抵抗のある保育士は多いのですが，0～2歳児クラスの保育は，その後の幼児教育へとつながる大切な時期（学びの芽生えの時期）であることを理解してくださいね。さらに，3～5歳児クラスの保育は，「養護」を前提としたなかでの幼児教育が行われるということも忘れないでください。

養護と教育を別物として切り離さないで，つながっているものとしてとらえましょう。

(3)「保護者に対する支援」について

　保育所は，保育士と保護者が互いに協力し合って，子どもの育ちを支えていくところです。ところが，この保護者支援は一筋縄ではいきません。保育士は，子どもの専門家として，子どもの最善の利益を目指して保育していますが，保護者は多くの場合，日中は仕事をしており疲れています。お互いに「こうしてほしい，ああしてほしい」という不満がたまり，いい関係が築けないという事例も多く聞かれます。「子ども」を中心に，どうしたら一番よいのかを考え合い，子育ての喜びや感動を分かち合える関係がつくれたらいいですね。

保護者支援と書くと，「やや上から目線」にとらえがちですが，かといって，専門家なのに「下手に出る」こともおかしいです。保護者とは「対等の関係」を築くことが大切です。

(4)「地域の子育て家庭に対する支援」について

　2008（平成20）年告示の保育所保育指針より，重要視されるようになった項目です。その後，保育所では地域の子育て家庭を招待しての行事や，園庭解放といった活動が盛んになりました。今後も，保育所は子育て支援の拠点として貢献していくことが求められます。

たまにはクラスの子ども以外の子どもたちと一緒に活動するのも新鮮です。また，保育所の生活を地域の人に知ってもらう機会にもなります。

本日の課題

□いろいろな文献を参考にしながら，保育所・幼稚園・幼保連携型認定こども園の相違点についてまとめてみましょう。▶▶▶別冊付録Ⅰ－3
□今日の授業の振り返りをしてみましょう。▶▶▶別冊付録　振り返りⅠ－3

第4回
実習での心得について考える

🌼 実習で気をつけなければならないこと

　これまでの授業では，実習の仕組みについて学んできましたが，今回からは実践的な内容となります。保育士は，人と人との関わりを大切にする仕事ですので，いわゆる「人間性」が問われるといえます。すなわち，実習生の勤務態度が評価に大きく影響するといえるでしょう。社会人として当たり前なことかもしれませんが，以下に6つのポイントをまとめましたので，1つずつ確認していきましょう。

(1) 勤務上の心得として

　①出勤時間を守りましょう。勤務が始まる30分前には出勤できるといいですね。

　②出勤後はただちに出勤簿に押印しましょう。また，提出物がある場合は，朝のうちに必ず提出しておきましょう。

　③やむを得ず欠勤ならびに遅刻をする場合には，出勤時間前に電話で実習先に連絡しましょう。電車の遅延などでギリギリになってしまいそうなときも，早めに「もしかして遅れるかもしれない」ということを伝えておいたほうが丁寧です。

　④実習期間中，欠勤する場合には実習先だけではなく，養成校の担当部署と巡回指導教員にも必ず連絡をしましょう。

　⑤やむを得ず早退する場合には，その理由を担任の先生（実習指導者）に告げて，保育所長（園長）の許可を得てください。その後，養成校の担当部署にも連絡をするようにしましょう。

　⑥基本的には実習先のきまりを十分に理解して，それに従うこととなります。

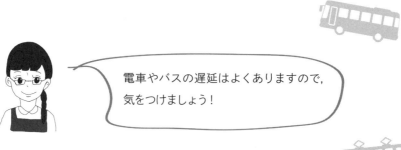

電車やバスの遅延はよくありますので，気をつけましょう！

(2) 服装について

①通勤時には養成校から指定される服装で通います。実習生の場合は、フォーマルスーツを着用することが多いのですが、実習先の保育所から「すぐに保育に入れるように、軽装で来てください」と指定されることもあります。そういった場合は、保育所側の意向に従います。

②身だしなみ（服装、頭髪など）は常に清潔で活動的であり、派手なものは避けましょう。メイクはひかえめに、爪は丸く短く切り、アクセサリーも身につけません。

エプロンは菌を持ち込まないために着用するので、家から着てくるのは厳禁です。

(3) 保育士や職員との関係

①保育士や他の職員の方々へのあいさつは、明るく心をこめて行いましょう。

②担任の先生（実習指導者）の助言にはしっかり従いましょう。わからない点があったら、あいまいにしないで質問しましょう。

③質問をするときは状況をわきまえ、謙虚に、言葉づかいをていねいにしましょう。

④アドバイスや指導を受けたら、しっかり記録しておきましょう。また、実習記録や指導案は必ず提出期限を守りましょう。

⑤保育士や他の職員の方々とは、よい関係がつくれるように、コミュニケーションを図りましょう。

⑥実習先での秘密事項は、外部にもらしてはいけません（守秘義務）。

⑦保育所の備品や消耗品は、担任の先生（実習指導者）の許可を得てから使用しましょう。

ついつい先生方となかよくなりすぎてしまうこともあります。あくまでも実習生ということを忘れないようにしましょう。

(4) 子どもとの関係

①実習は子どもと関わりのもてる貴重な時間です。積極的に子どもの中に入るように心がけましょう。

②特定の子どもだけではなく、さまざまな子どもと公平に関われるように心がけましょう。

③子どもの心を和ませ安心させるために、疲れた表情や無表情ではなく、いつも笑顔を心がけましょう。

④子どもたちの安全を前提に関わっていきましょう。万一、事故があった場合には、ただちに担任の先生（実習指導者）の指示を仰ぎましょう。独断で行動しないよう注意してください。

⑤子どもの見本になるようにしましょう。子どもは大人のまねをして育ちます。自分の立ちふるまいを意識して、言葉づかいにも気をつけましょう。

プロとして、いつも笑顔でいましょう。感情のコントロールをすることも保育士の仕事の大切な資質になります。

(5) 実習中の態度

①子どもや保護者に明るく、心をこめて進んであいさつしましょう。

②実習生同士で私語をかわさないように気をつけましょう。

③急な体調不良などで持ち場を離れる必要があるときは、担任の先生（実習指導者）に聞いてから離れるようにしましょう。

実習生同士でなかよくなるのはいいですが、実習時間中の私語は厳禁です。

14

（6）実習期間中の健康管理

①実習期間中は健康管理に気をつけましょう（睡眠時間を確保すること・朝食をとること・休日はゆっくり休むこと）。

②体調不良になった場合は，病院へ行って医師の指示に従いましょう。

③出勤，帰宅途中の交通事故には気をつけましょう。

次のようなエピソードも参考にしてくださいね。

あいさつが聞こえなかった…

　まじめでしっかりしているのに，実習園から低い評価を受けて帰ってきた学生がいます。評価表には「あいさつができていない」と書かれていました。学生本人に聞いてみると「あいさつしていたつもりなのですが…」と小さな声。もともと話す声が小さくて，どうやらあいさつをしても聞こえなかったようです。何か話をしていても，周囲のザワザワに音が消されてしまうことが保育所ではよくあります。せっかくの実習が，こういったちょっとした誤解で評価が下がるのはもったいないですよね。あいさつをするときは，しっかりと元気に明るい声でするように心がけましょう！

休み中に熱が出た…

　1週間の疲れがたまり，週末になると「明日は休みだ」とホッとして気がゆるみ，土日に熱が出てしまうことが学生にはよくあります。そんなときはしっかりと休んで，体調を整えるようにしましょう。月曜になっても体調が回復しないようであれば，無理せず病院へ行きましょう。その際，感染症だったらいけないので，保育実習中ということをお医者さんに伝え，検査をすすめられたらしっかりと受けておいたほうがいいですね。

本日の課題

□実習園に電話をする場面を想定し，2人組になって練習をしてみましょう。
　▶▶▶ 別冊付録Ⅰ-4

□今日の授業の振り返りをしてみましょう。▶▶▶ 別冊付録　振り返りⅠ-4

第5回

保育所の1日を知る
（0，1，2歳児クラス）

　今回は，保育所の0～2歳児クラスの1日について，もう一度復習してみたいと思います。一般的なデイリープログラムに加え，実習生の学びの視点について記載されているので，確認してみてください。

表1−7　0～2歳児のデイリープログラム例

時間	0・1・2歳児	実習生の学びの視点
7：30	早朝保育開始 順次登所（視診・連絡事項） 検温（保護者）・おむつ交換	・早朝保育の必要性を学ぶ ・子どもの登所前の業務を知る ・朝の受け入れ方法を知る ・検温の方法，視診のタイミングを知る
8：30	通常保育開始・順次登所 保育者と遊ぶ	・通常保育への引き継ぎについて知る ・保育士の保護者対応を知る ・子どもを受け入れて一緒に遊ぶ
9：00	朝おやつ	・午前中におやつを食べる意味を知る
9：30	睡眠（0歳低月齢児） おむつ交換（適宜） 戸外遊び・室内遊び・散歩	・おやつ，睡眠など個々のリズムで生活するための保育士の連携を知る ・おむつ交換やトイレに誘うタイミング，声かけの仕方について学ぶ ・排便時のおむつ処理や，おしりふきについて知る
10：30	片づけ・手洗い	・遊びの援助方法を知る ・保育室から移動するときの方法や人数確認について知る
10：45	給食準備	・給食の準備や片づけの仕方について知る ・エプロンやかっぽう着の着脱するタイミングを知る ・食事のときの環境づくりを学ぶ
11：00	給食	・アレルギー児への配慮について学ぶ ・食事の好き嫌いやマナーなどへの対応方法を学ぶ
11：30	片づけ・おむつ交換	
12：00	午睡	・入眠前の環境づくりを学ぶ ・入眠をうながすための関わり方を知る ・SIDSの防止について学ぶ
14：30		・連絡帳の記入や打ち合わせなど，保育士の仕事を観察する
14：45	目覚め・おむつ交換	・目覚めから，着替え，おやつまでの流れを学ぶ

15：00	おやつ	
	保育者と遊ぶ	
16：00	（異年齢クラスへ移動）	・異年齢と遊ぶ際の子どもの様子を観察する
16：30	おむつ交換・順次降所	・環境面での配慮について知る
		・降所時の保護者対応を学ぶ
17：00	延長保育開始	・室内清掃のやり方について知る
		・延長保育の必要性を学ぶ
19：00	延長保育終了	・子どもの降所後の業務内容を知る

　これまで養成校では「乳児保育」などの科目で，乳児・1～2歳児との関わりについて学んできたと思います。しかし，やはり実際に乳児，1～2歳児クラスに入ると，どのように関わったらよいのか迷ってしまい，部分実習では何をやればいいのかなど悩む学生も多いようです。以下に2008（平成20）年告示の保育指針に記載されている発達過程と，クラスごとの保育のポイントをまとめました。

0歳児クラスは，衛生上の都合で実習に入れない園もあります。

1　0歳児クラス

　0歳児クラスは，保育所ならではの神秘的な世界です。貴重な体験ができる反面，しっかりとした発達理解が求められますので，準備をしておきましょう。

> **おおむね6か月未満**
> 　誕生後，母体内から外界への急激な環境の変化に適応し，著しい発達が見られる。首がすわり，手足の動きが活発になり，その後，寝返り，腹ばいなど全身の動きが活発になる。視覚，聴覚などの感覚の発達はめざましく，泣く，笑うなどの表情の変化や体の動き，喃語などで自分の欲求を表現し，これに応答的に関わる特定の大人との間に情緒的な絆が形成される。
>
> （2008［平成20］年告示　保育所保育指針　第2章2（1）より）

> **おおむね6か月から1歳3か月未満**
> 　座る，はう，立つ，つたい歩きといった運動機能が発達すること，及び腕や手先を意図的に動かせるようになることにより，周囲の人や物に興味を示し，探索活動が活発になる。特定の大人との応答的な関わりにより，情緒的な絆が深まり，あやしてもらうと喜ぶなどやり取りが盛んになる一方で，人見知りをするようになる。また，身近な大人との関係の中で，自分の意思や欲求を身振りなどで伝えようとし，大人から自分に向けられた気持ちや簡単な言葉が分かるようになる。食事は，離乳食から幼児食へ徐々に移行する。
> 　　　　　（2008［平成20］年告示　保育所保育指針　第2章2（2）より）

実習のポイント

①0歳児クラスは，一人一人の生活リズムが月齢によって異なり，個人差が大きいといえます。一対一でじっくりと関わることを基本としながら，いろいろな子どもと関わっていけるようにしましょう。

②0歳児は心身ともにデリケートです。ウイルスや細菌にも感染しやすいため，実習生はいつも以上に清潔面には気をつけましょう。うがいや手洗いも手を抜かずにしっかりと励行しましょうね。

③0歳児クラスも，高月齢になると人見知りが出てきます。実習生を嫌がる子には，無理に近づくのではなく，少しずつ様子を見ながら関わっていきましょう。

④人見知りのない子で，担任の先生から許可があれば，授乳やオムツ交換などを体験させてもらうといいですね。

子どもがまだ話せなくても，授乳のときには「おいしいね」，おむつを替えたら「気持ちいいね」といったように，やさしい語りかけを心がけましょう。

2　1歳児クラス

　1歳児クラスでは，動きの活発な子とそうでない子の差がとても激しいものです。しゃがんだり，抱っこしたり，追いかけたりと，実習生も忙しくなります。

> **おおむね1歳3か月から2歳未満**
>
> 　歩き始め，手を使い，言葉を話すようになることにより，身近な人や身の回りの物に自発的に働きかけていく。歩く，押す，つまむ，めくるなど様々な運動機能の発達や新しい行動の獲得により，環境に働きかける意欲を一層高める。その中で，物をやり取りしたり，取り合ったりする姿が見られるとともに，玩具等を実物に見立てるなどの象徴機能が発達し，人や物との関わりが強まる。また，大人の言うことが分かるようになり，自分の意思を親しい大人に伝えたいという欲求が高まる。指差し，身振り，片言などを盛んに使うようになり，二語文を話し始める。
>
> 　　　　　　　〈2008（平成20）年告示　保育所保育指針　第2章2（3）より〉

実習のポイント

①1歳児クラスになると，少しずつ自我が芽生えてきて，自己主張が激しくなります。思い通りにいかないときには噛みついたりひっかいたりすることも多くありますので，子どもから目を離さないようにしましょう。

②食事では，食べこぼしや遊び食べをすることも多いです。一人一人の意欲や気持ちに寄り添いながら，食事の介助をしましょう。

③成長とともに生活リズムが確立してくることができ，おのおのの食事や睡眠時間帯がだいたい同じになってきます。しかし，まだまだ月齢による差は大きいです。同じ月齢であっても，体格や運動能力に違いが見られるので，しっかりと発達状況を把握して，支援していきましょう。

④まだまだ人見知りのある時期です。少しずつ様子を見ながら声をかけるなど，徐々に慣れていけるように関わりましょう。

> 歩行が上達しますが，まだまだ不安定です。どの年齢でもそうですが，安全面には常に気を配るようにしましょう。

3　2歳児クラス

2歳児クラスは活発な子どもが増えて，実習生もより忙しくなります。

> **おおむね2歳**
>
> 　歩く，走る，跳ぶなどの基本的な運動機能や，指先の機能が発達する。それに伴い，食事，衣類の着脱など身の回りのことを自分でしようとする。また，排泄の自立のための身体的機能も整ってくる。発声が明瞭になり，語彙も著しく増加し，自分の意思や欲求を言葉で表出できるようになる。行動範囲が広がり探索活動が盛んになる中，自我の育ちの表れとして，強く自己主張する姿が見られる。盛んに模倣し，物事の間の共通性を見いだすことができるようになるとともに，象徴機能の発達により，大人と一緒に簡単なごっこ遊びを楽しむようになる。
>
> （2008［平成20］年告示　保育所保育指針　第2章2（4）より）

実習のポイント

①自分でできることが増えてきますが，まだまだ大人の助けが必要です。子どもに達成感が得られるよう，手伝うときにはさりげなく行うのがいいでしょう。

②オムツが外れて，パンツをはく子が増えてきます。しかし，遊びに集中すると失敗してしまうこともあります。このときも「次はトイレでできたらいいね」とやさしく声をかけて，着替えを手伝うようにしましょう。

③食事では徐々に好き嫌いがでてきます。励ましながら，食べるようにうながしましょう。無理強いはしないように工夫できればいいですね。

④体を動かすことに喜びを感じて，いろいろなことに挑戦します。反面，できないことでも無理してやろうとすることがあります（すべりだいやジャングルジムなど）。危険のないように，必ず見守りながら保育します。

> こだわりが強く，何をするにも時間がかかります。
> ゆったりとした雰囲気で保育できればいいですね。

本日の課題

□あなたは，0～2歳児クラスの子どもと関わるうえで，どのようなことに留意しますか？　クラス別に要点をまとめてみましょう。▶▶▶別冊付録 I－5

□今日の授業の振り返りをしてみましょう。▶▶▶別冊付録　振り返り I－5

第**6**回

保育所の1日を知る
（3，4，5歳児クラス）

　今回は，保育所の3～5歳児クラスの1日について，もう一度復習してみたいと思います。一般的なデイリープログラムに加え，実習生の学びの視点について記載されているので，確認してみてください。

🍀 表1－8　3～5歳児のデイリープログラム例

時間	3・4・5歳児	実習生の学びの視点
7：30	早朝保育開始・順次登所（視診・連絡事項）あいさつ・生活準備自由遊び	・子どもが登所する前に行う業務を学ぶ ・受け入れ前の室内環境について学ぶ ・保育士の保護者対応について学ぶ ・子どもへの挨拶，視診のタイミングや方法を知る
8：30	通常保育開始・順次登所	・通常保育への引き継ぎ方法について知る ・子どもと一緒に遊ぶ
9：00	朝の集まり・出席の確認・年齢に応じた保育の活動	・朝の集まりのタイミングについて知る ・片づけの声かけ，朝の集まりの内容について知る
9：30	戸外遊び・室内遊び・散歩	・出欠確認と給食室への伝達方法を知る ・戸外遊び，室内遊び，散歩など，遊んでいる子どもの様子や保育士の援助方法を学ぶ ・人数確認や安全への配慮を学ぶ
10：30	片づけ 排泄・手洗い・給食準備	・片づけの方法，声かけについて知る ・給食準備の方法，環境づくりを知る
11：00	給食	・アレルギー児への配慮について知る ・食事マナーや好き嫌いへの関わり方について学ぶ
11：15	片づけ・歯みがき	・食事の片づけ方法を知る
12：00		・歯みがきから午睡までの流れ，雰囲気づくりについて学ぶ
12：15	午睡	・午睡中の保育士の仕事内容を知る
14：30	目覚め・排泄	・目覚めからおやつまでの流れを知る
15：00	おやつ	・おやつ後の流れについて知る
15：30		・帰りの集まりのタイミングについて知る
16：30	自由遊び	・降所時の保護者対応を学ぶ
17：00	片づけ・遅番保育準備 延長保育開始	・室内清掃のやり方について知る ・延長保育への引き継ぎ方法を知る
19：00	延長保育終了	・延長保育の必要性を学ぶ ・子どもの降所後の業務内容を知る

第1部

保育実習指導Ⅰ（保育所）の手引き

1 3歳児クラス

　3歳児クラスになると，言葉でのコミュニケーションが盛んになります。また，運動能力も発達してきているので，実習生はたくさん遊んで信頼関係を築いていきましょう。

おおむね3歳

　基本的な運動機能が伸び，それに伴い，食事，排泄，衣類の着脱などもほぼ自立できるようになる。話し言葉の基礎ができて，盛んに質問するなど知的興味や関心が高まる。自我がよりはっきりしてくるとともに，友達との関わりが多くなるが，実際には，同じ場所で同じような遊びをそれぞれが楽しんでいる平行遊びであることが多い。大人の行動や日常生活において経験したことをごっこ遊びに取り入れたり，象徴機能や観察力を発揮して，遊びの内容に発展性が見られるようになる。予想や意図，期待を持って行動できるようになる。

（2008［平成20］年告示　保育所保育指針　第2章2（5）より）

POINT 実習のポイント

①3歳になると1人でできることが増え，できたことに喜びを感じています。実習生にも共感を求めてきますので，「すごいね」と応じてあげるといいでしょう。

②実習生に対して「新しい先生！」といった具合に喜んでくることでしょう。そういった子にはたくさん関わっていきましょう。一方で，実習生に消極的な子もいます。少しずつ関われるように声をかけていけたらいいですね。

③ちょっとした集団での遊びもできるようになります。鬼ごっこ系の遊びを中心に，少人数で楽しむのもいいと思います。

④独占欲が強くなり，実習生に甘えてくる子もいるでしょう。何でも「やって」とお願いされることもありますが，信頼関係を築いていくなかで，甘えと自己主張を区別して関われたらいいですね。

新入児（3歳児クラスから入所する子ども）も多いため，できることに差が見られるかもしれませんね。

2 4歳児クラス

　4歳児クラスになると，だいぶ子どもたちも落ち着いてくることと思います。しかし実習生の苦手な「けんかの仲裁」も増える時期です。子ども一人一人の様子をしっかり観察して，適切な対応がとれるように心がけましょう。

おおむね4歳

　全身のバランスを取る能力が発達し，体の動きが巧みになる。自然など身近な環境に積極的に関わり，様々な物の特性を知り，それらとの関わり方や遊び方を体得していく。想像力が豊かになり，目的を持って行動し，つくったり，かいたり，試したりするようになるが，自分の行動やその結果を予測して不安になるなどの葛藤も経験する。仲間とのつながりが強くなる中で，けんかも増えてくる。その一方で，決まりの大切さに気付き，守ろうとするようになる。感情が豊かになり，身近な人の気持ちを察し，少しずつ自分の気持ちを抑えられたり，我慢ができるようになってくる。。

（2008［平成20］年告示　保育所保育指針　第2章2（6）より）

実習のポイント

①話すことが上手になり，実習生に自分のことを聞いてもらいたくて「ねえねえ」と話しかけてくる子も多いでしょう。順番に，じっくり話を聞いてあげましょう。

②だいぶルールを守って遊べるようになります。実習生は，簡単なルールある遊びを提案して，10人くらいで楽しんでみたらどうでしょうか。

③「自分で何でもできる」という自信がついてきますが，もちろんできないこともたくさんあります。本人のがんばりを認めながら，うまく関わっていけたらいいですね。

④特定の友達と遊ぶことを好みます。「先生も仲間に入れて」と一緒に遊びながら，子どもたちの人間関係を観察してみるのも勉強になります。

③ 5歳児クラス

　5歳児クラスは「さすが年長さん！」といったエピソードがたくさん期待できます。体も大きくなって，走るのも速くなります。実習生はとにかく体を使って遊ぶことが求められます。がんばってくださいね！

おおむね5歳

　基本的な生活習慣が身に付き，運動機能はますます伸び，喜んで運動遊びをしたり，仲間とともに活発に遊ぶ。言葉により共通のイメージを持って遊んだり，目的に向かって集団で行動することが増える。さらに，遊びを発展させ，楽しむために，自分たちで決まりを作ったりする。また，自分なりに考えて判断したり，批判する力が生まれ，けんかを自分たちで解決しようとするなど，お互いに相手を許したり，異なる思いや考えを認めたりといった社会生活に必要な基本的な力を身に付けていく。他人の役に立つことを嬉しく感じたりして，仲間の中の一人としての自覚が生まれる。

（2008［平成20］年告示　保育所保育指針　第2章2（7）より）

おおむね6歳

　全身運動が滑らかで巧みになり，快活に跳び回るようになる。これまでの体験から，自信や，予想や見通しを立てる力が育ち，心身ともに力があふれ，意欲が旺盛になる。仲間の意思を大切にしようとし，役割の分担が生まれるような協同遊びやごっこ遊びを行い，満足するまで取り組もうとする。様々な知識や経験を生かし，創意工夫を重ね，遊びを発展させる。思考力や認識力も高まり，自然事象や社会事象，文字などへの興味や関心も深まっていく。身近な大人に甘え，気持ちを休めることもあるが，様々な経験を通して自立心が一層高まっていく。

（2008［平成20］年告示　保育所保育指針　第2章2（8）より）

実習のポイント

①身体的にも精神的にも成長し，できることが増えてきます。ルールを守って遊べる子が増えるので，実習生も一緒にルールある遊びを楽しみましょう。

②勝ち負けへのこだわりがよい意味で出てくるので，「こうすればもっとできるよ」といったアドバイスをしつつ，より遊びが発展するように関わっていきましょう。

③挑戦したり練習したりして，できたことを喜ぶようになるので，少し難しい遊びを提案し，保育に取り入れてみるのもいいでしょう。

④自分のことだけでなく，友達や周囲の環境についても具体的な説明ができるようになってきます。人間関係を見守り，子どもたちのやりとりに耳を傾けてみるのもいいでしょう。

⑤何でもできる子もいれば，できなくて消極的になってしまう子もいます。実習生は，子ども一人一人の個性を見分けて，ていねいに関わっていきましょう。

ルールを守ることの大切さや，相手の気持ちを考えつつ行動する子どもが増えてきます。担任の先生がクラスをまとめていく過程も勉強になります。

本日の課題

□あなたは3〜5歳児クラスの子どもと関わるうえで，どのようなことに留意しますか？　クラス別に要点をまとめてみましょう。▶▶▶別冊付録Ⅰ-6

□今日の授業の振り返りをしてみましょう。▶▶▶別冊付録　振り返りⅠ-6

第7回 保育所実習の配属発表と関係書類の作成

　実習を行う時期というのは養成校によって異なりますが，実習時期の数か月前になると，実習園の配属先が発表されます。みなさんは，実習への準備を本格的に進めていくことになります。

　実習園は，養成校とつながりのある実習協力園のなかから配属される場合と，自分で実習園を探す「自己開拓」などさまざまですが，どちらにせよ，実習手順は同じになります。

1 実習の確認事項について

　保育士資格を取得するためには，「保育実習Ⅰ（保育所）としておおむね10日間以上」というように厚生労働省からの通知がなされています。しかし養成校によっては，11日以上であったり90時間以上であったりと，学則上の基準は異なることもありますので，養成校でしっかりと説明を受けて，気をつけて計算するようにしましょう。

✓CHECK 実習園が配属されたら確認しておくこと
　①実習園の基本情報（正式名称・住所・連絡先・交通手段等）
　②実習の日程（土曜を含むのか，土曜が半日 or 1日なのかなど）
　③養成校の指導教員（巡回教員）
　④同じ実習園に行くメンバーの確認（連絡先の確認もしておく）

> 養成校の先輩で，その実習園に行った前例がないか調べてみましょう。先輩の書いた資料があると，とても参考になります。

✓CHECK 細菌検査について
　養成校によってやり方は異なります。養成校側でまとめて回収し，検査機関へ送ってくれる場合もありますが，学生個人で検査機関へ依頼する場合もあります。いずれにしても，実習先への提出期限を守るように，余裕をもって計画的に準備しておきましょう。

2 実習のための個人調書作成

実習先へは，個人調書を提出します。養成校によって様式は異なりますが，例として以下のような調書を作成しましたので，参考にしてください。

近年では，個人情報保護の観点から，簡略化されている調書が増えてきました。

表1-9　実習のための個人調書作成例

東都大学　こども学部　保育学科　学籍番号310918	
氏名	佐藤　りんご　㊞
生年月日	平成 9 年 9 月 9 日　（21歳）
現住所	○○県　未来市　緑ヶ丘2-77-4
連絡先	000-000-0000
緊急連絡先	090-0000-0000
趣味・特技	サイクリング・フィギュアスケート
性格	明るい性格だと言われます
通勤時間	徒歩20分
子どもと触れ合った経験	未来緑ヶ丘保育所にて，今年の夏休みからボランティアをしております
実習での目標	子どもたちの名前を早く覚えて，積極的に関わっていきたいと思います

✅ 作成時の留意点

①黒のペンでていねいに書きましょう。書き間違えてしまったときは，書き直しましょう。修正テープは使いません。

②枠の中にバランスよく書きましょう。

③住所は省略しないで正確に書きましょう。

④写真はスーツ着用で，正面を向いたものになります。

⑤印鑑はまっすぐはっきりと押しましょう。

本日の課題

□実習のための個人調書，練習用のシートを用意しましたので作成してみましょう。▶▶▶別冊付録Ⅰ-7

□今日の授業の振り返りをしてみましょう。▶▶▶別冊付録　振り返りⅠ-7

第1部　保育実習指導Ⅰ（保育所）の手引き

第**8**回

実習の記録について学ぶ

　保育実習では，実習記録を作成します。養成校によって「実習日誌」「実習録」「実習記録」「記録簿」などよばれ方は異なりますが，実習の記録となる大切な書類であり，実習生は必ず作成することになります。様式はそれぞれの養成校によって異なりますが，大切なポイントは共通していると思います。今回は，記録の意味と記入する際の注意事項についてお伝えします。

1 実習記録の意義

　実習記録は何のために書くのでしょうか？　保育所実習は，保育士と子どもたちが関わる様子を実際に観察できる貴重な機会といえます。1日を過ごすなかで，その見るもの聞くものはとても新鮮なことと思います。しかし，人間は忘れやすいものです。それらの事実，そのときに考えたこと，保育所の1日の流れや保育士の子どもへの接し方，環境構成など，多くの大切な事項について，その日のうちに書き記しておくことで，忘れてしまってもあとで読み返すことができるのです。実習記録は実習生にとって大切な宝物だといえますね。

POINT 1日の「振り返り」に活用できる

　　実習記録は，1日の保育を終えてから，あるいは休憩中などに，あらためてその日の子どもの様子や，子どもと関わる保育士の援助方法を記録することになります。実習をするなかで学んだことをすぐに振り返り，「書く」という作業をすることでより意識化することが可能となり，それはたしかな学びとして，みなさんのなかに蓄積することと思います。

POINT 次の保育に活かすことができる

　　1日を振り返ることで，保育の反省点や課題も浮かび上がってくるものと思われます。「明日はこの点に気をつけてみよう」と，実習をするなかで翌日の目標を掲げることができます。実習記録を書くことで，実習がよりよい学びにつながることでしょう。

> がんばりすぎて，寝不足にならないよう気をつけましょう。2〜3時間くらいで書き終わればいいですね。

2 実習記録の表記方法

　実習園によって，言葉の使われ方や漢字の表記が異なることがよくみられます。その園独自の歴史や保育観によって異なるのは仕方のないことですが，実習記録は通常「公文書」に準じて書きます。

　「公文書」とは，国や地方公共団体が作成した職務上作成する文書のことです。「何のこと？」と思う人もいるかもしれませんが，保育所でいうと「保育所保育指針」が公文書だといえます。つまり，保育所保育指針に従って表記することが望ましいです。以下に，よく質問されるひらがな表記について例をあげましたので，確認してみてください。

🍀 表1－10　文献によって表記の異なる漢字・ひらがなの例

常用漢字 （間違いではありません）	保育所に関する公文書 （保育指針からの抜粋）
①子供	子ども
②この為	このため
③〜を持って・持つ	信頼感をもって・自信をもつこと
④作る・造る・創る	相互の関係づくり・リズムがつくられて
⑤〜を捉え	機会をとらえ
⑥〜にする事など	清潔にすることなど
⑦〜に亘る	長時間にわたる・生涯にわたる
⑧良い事	してよいことや悪いこと
⑨決まり	きまりを守る
⑩繋がり等	社会とのつながりなど
⑪労わり	命あるものとしていたわり
⑫這う	座る，はう，歩く
⑬書く・描く	自由にかいたり，つくったりなど
⑭相応しい	幼児期にふさわしい生活

表1-11　学生から質問の多い表記（保育所保育指針からの抜粋）

①気付いたこと	⑨触れ合いや言葉がけ
②感染症にかかりやすい	⑩しなやかな心と体
③身の回りのものを	⑪つまむ，つかむ，たたく，ひっぱるなど
④友達のよさに気付き	⑫いろいろな遊び
⑤いろいろなものの	⑬あやし遊び
⑥わらべうた	⑭応答的な関わりの下で
⑦寝返り，お座り，はいはい	⑮つかまり立ち
⑧おむつ	⑯専門性を生かして

「子どもと関わる（かかわる）」の表記ですが，2017(平成29)年告示の保育所保育指針・幼稚園教育要領より，どちらも漢字表記（関わる）に統一されました。

　また，学生は，ついつい話し言葉を書いてしまいがちですが，やはり公文書は書き言葉で書かなければなりません。表1-12に，よく使われる言葉をピックアップしましたので，こちらも確認してみてください。

表1-12　話し言葉と書き言葉

話し言葉	書き言葉	話し言葉	書き言葉
ちゃんと	しっかりと きちんと 丁寧に	でも だけど	しかし しかしながら
～やる	～する	やっぱり	やはり
びっくりする	驚く	着れる 食べれる	着られる 食べられる
なので	そのため	そんなとき	そのようなとき

本日の課題

□保育所でよく使用する言葉を漢字テスト形式にしてみましたので，書けるようにしておきましょう。▶▶▶別冊付録1-8（答えは表1-13）
□今日の授業の振り返りをしてみましょう。▶▶▶別冊付録　振り返り1-8

🍀 表1−13　漢字テスト（別冊付録1−8）の答え

【 生活に関する項目 】

① 子どもの受け入れ	⑨ 午睡
② 視診をする	⑩ 布団敷き
③ 連絡帳	⑪ 着替え
④ 検温する	⑫ 足拭き
⑤ 離乳食	⑬ 起床
⑥ 配膳する	⑭ 挨拶
⑦ 食事の介助	⑮ 身支度
⑧ 排泄を促す	⑯ お迎え

【 声かけに関する項目 】

① 認める	⑥ 促す
② 受け入れる	⑦ 見守る
③ 声かけをする	⑧ 仲立ち
④ 配慮する	⑨ 誘う
⑤ 信頼関係	⑩ 達成感

【 よく使われる言葉 】

① 3歳以上児	⑧ 子育て支援
② 3歳未満児	⑨ 地域との連携
③ 早番保育	⑩ 園庭の開放
④ 遅番保育	⑪ 異年齢
⑤ 月齢	⑫ 遊戯室
⑥ 看護師	⑬ 保育室
⑦ 栄養士	⑭ 養護と教育

第1部　保育実習指導Ⅰ（保育所）の手引き

第9回
実習記録の書き方について学ぶ

　今回は，実習記録の書き方の後編です。実習の記録は養成校によって様式が異なりますが，共通する点も多いことと思います。筆者が勤める養成校の実習記録を例として，書き方の留意点および具体例をみていきましょう。

1　1日の流れのページの留意点

　このページの書き方，実はとても難しいのです。保育所の1日はとても長いもので，詳しく書こうと思えばいくらでも書けてしまいます。しかし養成校としては，このページは簡潔に書くことを推奨しています。

❀ 表1-14　1日の流れのページ

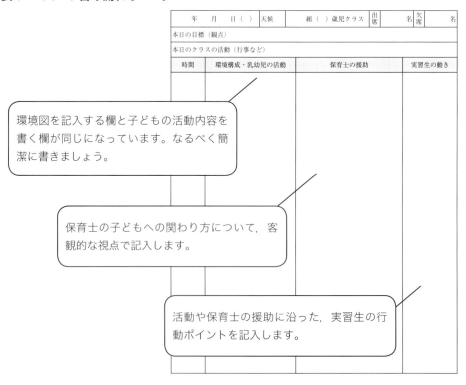

🌸 表1−15　1日の流れのページ　具体例

H○○年2月3日（月）晴れ	はなぐみ（0歳児クラス）	出席4名・欠席2名
本日の目標（観点）　0歳児クラスの1日の流れと保育の留意点を理解する		
本日のクラスの活動（行事など）　室内遊び・散歩		

時間	環境構成・乳幼児の活動	保育士の援助	実習生の動き
8:30	○登所する ・保護者と一緒に順次登所する。 ・保護者の元を離れたら，保育士の元へと寄っていく。 ○自由遊びをする。 ・保育士が出したブロックで遊ぶ ・車にブロックを積む，ブロックを積み上げる等で遊ぶ。 （ロッカー／出口／ブロックコーナー／棚／入口）	○元気に挨拶をし，迎え入れる ・保護者と会話を交わし，コミュニケーションを図る。 ・子どもが遊べるよう，ブロック，車を広げる。 ・子どもに積極的に声をかけ，楽しく遊べるように促す。 ・子どものおむつ交換をし，順番に体温を測っていく。 ・おむつ交換の際は，お尻を床につけないようタオルを敷く。	・子ども・保護者に元気に挨拶をする。 ・笑顔で迎える。 ・積極的に子どもに声をかけ，親しみをもってもらえるように接する。 ・車で一緒に遊び，ブロックを積む際の手伝いをする。 ・おむつ交換の手伝いをする。 ・再度，子どもと一緒に遊ぶ。
9:20	○片づけをする ・ブロック，車などの遊んでいた遊具を保育士の声掛けにより，片づける。 ・進んで片づける子ども，あまり片づけたくないという子どもがいる。 ・片づけができた子どもは，保育士，実習生に嬉しそうに微笑む。	○片づけをするよう声かけをする ・片づけやすいよう，遊具のカゴを下に置く。 ・片づけが上手な子どもには，しっかりと褒める。 ・あまり片づけようとしない子どもには，名前を呼んだり遊具を渡したりして片づけを促す。	・子どもと一緒に遊具をカゴの中へ片づける。 ・なかなか片づけない子どもには声をかけたり，遊具を渡したりして，片づけられるよう促す。 ・上手に片づけられた気持ちを，顔を見て受け止める。
9:30	○朝の挨拶をし，おやつを食べる ・名前を呼ばれたら，大きな声で手を挙げて返事する子ども，なかなかできない子どもがいる。 ・実習生の自己紹介を聞く。 ・手を洗い，おやつを食べる。 ・自分でスプーンを持ってヨーグルトを食べる。お茶も各自でコップを両手で持って飲む。 ・ごちそうさまをし，おむつを交換する。 ・おまるで排泄をする子どももいる。	○子どもの様子を確認しながら，子ども一人一人の名前を呼ぶ ・子どもの返事に対して受け止める。 ・返事ができなかった子どもには，最後にもう一度呼んでみる。 ・手洗いの介助をし，おやつを配る。 ・ある程度食べ終えた子どものヨーグルトをかき集め，食べやすいようにする。 ・スプーンなどを洗う。 ・おまるを出し，おまるでトイレができるよう促す。	・一緒に挨拶をする。 ・子どもたちのお名前呼びが終わった後に，自己紹介をする。 ・手洗いの介助をする。 ・ヨーグルトのこぼれなどがあったら拭く。 ・おむつ交換をする。
9:50	○絵本を見る ・音の出る絵本を楽しむ。犬の絵本を見て楽しむ。	○畳の上に絵本を置く ・畳の上に絵本を置いたら，絵本を読むように声をかける。絵本のあるほうを指して促す。	・子どもと一緒に絵本を見たり，読んだりする。 ・絵本の近くにいない子どもに，一緒に読もうと促して誘う。

❧ 表1−15　1日の流れのページ　具体例（つづき）

時間	環境構成・乳幼児の活動	保育士の援助	実習生の動き
10：00	○散歩に行く。 ・ジャンパー，帽子をかぶり，散歩へ行く用意をする。 ・身支度ができたら外に出る。 ・保育士，実習生と手をつないで階段を下りる。 ・靴を履き，手をつないで散歩に行く。 ・雪や葉っぱ，飛行機など，自然に触れながら散歩し，反応しながら楽しそうに散歩をする。 ・歩くペースが遅くなってくる子どももいる。	○散歩に行く用意をする ・ジャンパー，帽子を子どもに着用し，これから散歩に行くということを伝える。 ・子どもと手をつなぎ，階段を一緒に下りる。 ・安全に留意し，子どもを歩道側に手をつなぎ，散歩する。 ・子どもの反応一つ一つ丁寧に応じたり，反応を促したりする。 ・疲れが見えてきた子どもには，励ましの言葉をかける。	・子どもにジャンパーを着せ，帽子をかぶることを援助する。 ・子どもと手をつなぎ，階段を一緒に下りる。 ・安全に留意し，子どもを歩道側に手をつなぎ，散歩する。 ・子どもの反応に応じて，気づけるよう声をかける。 ・子どもを励まし，歩くことを促す。
10：45	○保育所へ戻る ・保育室に着いたら，手洗いをして席に座る。	○給食の準備をする ・机とイスを用意し，子どもが手洗い後，座れるようにする。	・子どもの着脱や手洗いの援助をする。 ・イスに座るように促す。
11：00	○給食を食べる ・たくさん食べる子ども，ごはんだけを食べる子ども，ペースが早い子どもなど様々である。こぼしてしまう子どももいる。 ・自分でスプーンを使って食べたり，援助を受けたりして食べる。	○給食の介助をする ・おかずを全く食べない子どもは，食べられるようにごはんを混ぜるなど工夫し，食べるよう促す。 ・常に子どもの様子を見ながら，「おいしいね」などと声かけをしている。	・給食を配膳する。 ・うまくスプーンですくえない子どもの介助をする。食が偏らないように見ながら声かけをする。 ・こぼしてしまった机の周りを雑巾で拭く。
11：45	○午睡の準備をする ・食べ終えた子どもから顔を拭き，おむつ交換をし，着替えをする。 ・午睡ができる状態になった子どもから布団に移動する。	○午睡の準備をする ・子どもの布団を敷き，おむつ交換をし，給食を終えた子どもから寝られるように促す。	・午睡の格好に着替えることを援助する。 ・室内の床掃除をする。 ・モップをかける。 ・寝かしつけには入らず，休憩に入る
12：00	○午睡をする ・保育士におなかや背中をトントンしてもらい，眠りにつく。 ・途中，目をあけてしまう子どもいる。	○子どもの寝かしつけ ・子どものそばにつき，入眠しやすいように体をなでたりする。 ・目をあけてしまった子のそばに行き，安心して眠れるようにする。	・壁面の装飾を作る
14：30	○起きる ・おむつを替え，着替える ・自分でズボンをはく子どももいる	○子どもの連絡ノートの記入 ○子どもを起こす ・おまるを出し，排泄を促す。おむつ交換，着替えの援助を行う。	・子どもが起きたらおむつ交換をして，着替えの援助をする。 ・手洗いの援助をする。
15：00	○おやつを食べる ・手洗いをして，おやつを食べる ・ごちそうさまをしたら，自由に遊ぶ	○おやつを食べる準備をする ・おやつの介助を行う ・机やイスを片づけ，掃除をする。 ・遊具を出して，一緒に遊ぶ。	・おやつの準備を手伝う。 ・おやつの介助を行う。 ・机やイスを片づけ，モップをかける。
15：30	○お迎えに来た子どもから降所する。	○迎えに来た保護者とコミュニケーションを図り，子どもを見送る	・迎えの来た子どもを見送る。 ・子どもと一緒に遊ぶ。
16：30	○時間外保育の子どもは，ほしぐみに移動し，遊ぶ。 ・お迎えに来た子どもから順次降所する。	・時間外保育の子どもたちと一緒に，ほしぐみに移動する。 ・時間外保育の子どもたちと一緒に遊ぶ。	・時間外保育の部屋へ移動する。 ・時間外保育の子どもたちと遊ぶ。
17：00			・退勤する。

2 考察のページの留意点

1日の流れのページは簡潔に書くことを推奨しましたが，考察のページはしっかりとした記述が求められます。保育士の子どもへの関わりから見えてきた「意図」，子どもの「心情・意欲・態度」などを考慮し，実習生として今後どのような保育をしていくのかをていねいに記していきましょう。

表1－16　考察のページ

【考察】

1．本日の目標（観点）におけるエピソードおよび考察

> その日の実習目標に限定して，考察としてエピソードを加えて書くようにしましょう。

2．本日の子どもの活動で感じたこと・考えたこと（項目をたてて記入すること）

> 実習目標以外のことで，感じたことや考えたことを書きましょう。

学んだこと・指導を受けたこと

> 保育所の先生に直接指導を受けたことを書きましょう。

> 自分の思ったこと（主観的）を整理して書きましょう。考察のページに関しては「です，ます調」で書いたほうがわかりやすいでしょう。

❀ 表 1 − 17　考察のページ具体例

【 考察 】

1．本日の目標（観点）におけるエピソードおよび考察

　本日は，初めて０歳児の保育室に入らせていただきました。私が予想していた０歳児よりも，自分でできることの幅が広いということを知りました。

　子どもの様子を観察していると，何でもすぐに手助けをしてはいけないということが，先生方を見ていて分かりました。おやつや給食を食べている際も，すべてスプーンで保育士がすくって介助してしまうのではなく，できる子どもはゆっくりでもいいので見守り，最後の余り部分をかき集めて，子どもが食べやすいように介助していくなどといったことが大切であると感じました。０歳児であっても，徐々に自ら進んで，楽しんで食べることができるように，環境づくりをしていくことが大切であると感じました。

　また，１日の流れの中で，おむつ交換を頻繁に行っているということも分かりました。子どもにとって，清潔を保つことはとても大切であり，気持ちが悪いと活動にも影響を及ぼすと思うので，おむつ交換を頻繁に行うことで，排泄の様子をみることもとても大切だと感じました。

　そして，散歩では，子どもは身の回りにある様々なものに，興味・関心を抱いているのだということが分かりました。子どもの視点に立って考えると，雪や葉っぱ，車や飛行機の音など，私たちの生活では当たり前でごく一部のものであったとしても，とてもワクワクするものであるといったことを再認識しました。子どもの興味や関心を，それだけで終わりにせず，しっかりと応え，さらなる期待へとつなげていけるような働きかけが大切なのだと感じました。

2．本日の子どもの活動で感じたこと・考えたこと（項目をたてて記入すること）

〔愛着の形成について〕

　登所時，子どもは親と離れる際に泣いたりするのだろうかと想像していましたが，あまりそのような姿は見られませんでした。そのことから，子どもと先生方の間にはしっかりとした愛着が形成されているのだろうと感じました。子どもと保育士の間に愛着が形成されているからこそ，子どもは信頼関係から安心感を覚え，伸び伸びと活動できるのだと分かりました。

〔他者理解への第一歩〕

　自由遊びをしている際，子どもたちは一人遊びをしているようでしたが，友達とまったく関わらないということはありませんでした。実習生とＫくんがボールで遊んでいると，Ｓくんも違うボールを持って近寄ってきました。そして取りあうわけでもなく，ボールを投げあっているように見えました。二人の意図は分かりませんが，同じ空間にいる友達の存在を認め合いながら遊んでいるように感じました。０歳児クラスの保育では，自己の存在だけでなく，他者の存在も身近に感じる利点があり，ここから他者理解へとつながる第一段階になるのではないかと考えました。

学んだこと・指導を受けたこと

・おむつ交換をする際は，そのままやるのではなく，床にタオルを敷いてから行う。床につけると不衛生なため，衛生面には気をつける。

・床に落ちた食べ物を拾う際は，紙ペーパーではなく雑巾を使用する。ペーパーは手を拭くために使用する。

・子どもが食べたものを吐き出してしまった際は，少量であっても簡易ビニール手袋を着用して処理を行う。

本日の課題

□ P. 33，34，36 の実習記録の例を見て，書き方・表現などで気がついたことを書いてみましょう。▶▶▶別冊付録Ⅰ−9

□ 今日の授業の振り返りをしてみましょう。▶▶▶別冊付録　振り返りⅠ−9

第10回

部分実習指導案の作成

　1回目の保育所実習では，実習園と相談したうえで，部分実習の体験をさせてもらいましょう。養成校から保育所へ送られている実習要領にも，「部分実習指導案の指導および部分実習の指導」という項目が入っていることと思われます。みなさんは，まずは部分実習について準備していく必要があります。

　部分実習とは，その日の一部分の活動を，実習生が責任をもって保育することをいいます。手遊び，絵本や紙芝居など，日常のなかで十分に部分実習は達成されていることと思いますが，行き当たりばったりの部分実習ではなく，しっかりと保育の計画を立てたうえでの部分実習が達成される必要があります。

１ 指導案の作成について

　行き当たりばったりの部分実習ではないということで，気合いを入れて実習指導案を作成しましょう。しっかりと子どもの姿，発達に合った内容のものを選びます。もちろん，実習園の担当保育士に相談しながら進めるようにしてください。園の実情や実習の進め方によって，年齢や時間などはさまざまですので，時間をかけて準備をする必要があります。

POINT 指導案作成前に確認しておくこと

①実習園の保育方針について把握しておきましょう。園によっては，実習生の部分実習に求めてくる内容が違うこともあります。オリエンテーションのときに確認しておきましょう。

②実習園の全体的な計画，年間指導計画や月案，週案といったものを可能であれば見せてもらいましょう。できれば，実習生といっても実習園の保育の流れからのつながりを重視していけたらいいですね。

③担当するクラスの先生に相談して，クラスの生活や活動の流れを理解したうえで作成します。何日か同じクラスに入る機会があるなら，子どもの興味や関心，発達などの状況も考慮しましょう。

第1部 保育実習指導Ⅰ（保育所）の手引き

部分実習は,本を読んだり紙芝居をしたりといったほんの数分のものから,じっくり時間をかけて遊びを展開するものまでさまざまです。実習Ⅰのまとめとして行う部分実習は,短いものでも「導入→展開→まとめ」をしっかりと計画していきましょう。

作成における3つのポイント

①導入:子どもがその活動に興味を抱き,やってみたい気持ちを高めていけるよう,言葉かけを考えます。実習生の場合は,何か小道具(指人形や製作物など)を利用したら子どもたちが興味を抱きやすいと思います。

②展開:活動の中心となる部分です。おおまかな子どもへの声かけのタイミング,実習生や子どもの位置,活動の進め方など細かく記します。次ページを参考にしましょう。

③まとめ:「おしまい♪」で突然終わるのではなく,少しでいいので活動の楽しかったことを共有して終われる工夫ができるといいですね。

表1-18　一般的な指導案の様式

月　　日（　）　○○歳児クラス　部分実習指導案		実習生名
子どもの姿	ねらい	内容
時間	環境の構成	予想される子どもの姿	保育者（実習生）の援助・配慮
実習生の反省・評価			

保育の現場では,子どもの自発的な遊びを中心とした「遊び発展式」の指導案というのもありますが,実習生の場合は上記のような「活動提案式」の指導案が一般的であるといえます。

2 指導案作成の具体的な記載内容

指導案作成時の記載内容について，以下のようにまとめました。確認しておきましょう。

①保育を行う年月日，曜日，対象年児，クラス，在籍人数
- 異年齢クラスの場合は「3・4・5歳児」などと書きます。

②子どもの姿

クラスの子どもたちがどんなことに興味や関心を抱いているのかを書きます。
- 単なる事実の羅列ではなく，事実から子どもの発達過程がわかるような記述ができるといいですね。

③ねらい
- 子どもたちの生活において育つことが期待されている心情・意欲・態度について記します。
- 子どもたちに経験してほしいこと，身につけることが必要なことなど，保育者の願いもふまえて記します。

④内容
- 「ねらい」を達成させるために，どのような経験が必要であるかを具体的に記します。子どもを主語として書きましょう。

⑤時間
- 保育の展開の大まかな区切りごとに時系列にそって記入します。
- 子どもの生活の自然な流れや生活のリズムを考慮します。あくまでも目安なので，意識しすぎないようにしましょう。

⑥環境の構成
- 物，人，自然事象，時間，場や空間等を関連づけて，適切な環境を構成していきます。
- 準備物の具体的な個数の記載や完成イメージ図も書ければいいですね。
- 環境構成の理由や配慮点も記しましょう。

⑦予想される子どもの姿
- 子どもたちがどのような姿を見せるのか，予測して書きましょう。
- 保育者の都合に合わせた一方的な内容にならないように気をつけましょう。

⑧保育者の援助・配慮
- 子どもたちが楽しく，主体的に生活を過ごせるための援助内容や配慮点を記しましょう。
- 具体的な援助内容に加えて，それを行う理由や意図についても記せたらいいですね。

⑨実習生の反省・評価
- 部分実習を振り返り，その考察を記します。

🍀 表1－19 部分実習 指導案例1 「絵本 2歳児：きいろいのはちょうちょ」

2017年 4月 15日（金）	実習生名	佐藤りんご

ももぐみ（2歳児）	男児12名・女児12名 計24名

ねらい	内容
・物語の世界に興味を持ち，物語を通じて春の季節を感じる	・仕掛け絵本「きいろいのはちょうちょ」の絵本に親しみをもち，季節を感じる

時間	環境構成	予想される子どもの姿	保育者（実習生）の援助・配慮
10：00	ゴザの上に子どもたちが座る 出入り口　　出入り口 机 机　　ゴザ 机 棚　ロッカー	○実習生の呼びかけを聞いて，ゴザの上に集まってきて座る ・遊んでいた玩具を片づけてから座る ・「まだ待っていて」という子どもがいる ・座っている子どもが多くなる ・全員が集まり座る	・保育者と連携しながら絵本が始まることを伝え，ゴザの上に座るよう声をかける ・遊んでいた玩具を片づけるよう声かけし，なかなか片づけない子どもには個別に声をかけ，片づけるように促す ・子どもたちの集まり具合をみながら，全体の流れを作っていく ・全員が座っていることを確認しながら全体を見回す
10：10	○準備物 ・実習生が座るイス ・「きいろいのはちょうちょ」の絵本	○「つくしがでたよ」の歌を歌う ・「知ってるよ」と声を出し，一緒に歌を歌う ・「おーい！」や「わーい！」など，曲の最後にみんなでそろって声を出す ○「きいろいのはちょうちょ」の絵本を見る ・「ちょうちょ，さっきみたよ～」などと声を出す子もいる	・自然な雰囲気で歌を歌い始める ・子どもの反応を見ながら，振りは大きく分かるようにする ・みんなで声をそろえるところは，大きな動きと声で楽しむ
10：15	○子どもたち全員が絵本を見やすい位置に座るよう工夫する	○「きいろいのはちょうちょ」の絵本を見る ・「ちょうちょ，さっきみたよ～」などと声を出す子もいる ・徐々に絵本の中に入り込みながら集中してみている ・次のページを期待しながら，見ている ・「ちょうちょ……じゃない！」の場面で笑ったり，声を出す子もがいる ・「おもしろかった！」「また読んで！」と楽しい雰囲気の中で，本の余韻にひたる	・絵本を読むことを話し，落ち着いた雰囲気をつくっていく ・「春になると出てくる，ちょうちょさんのお話しだよ」など，季節感を意識した言葉かけをする ・絵本は，子どもの様子を見ながらゆっくりと読み，子どもと共感しながら読み進めていく ・ページをめくる時は，次の展開に期待が持てるようにめくる ・絵本の意外な展開に笑いが起こることも予想し，読むスピードや「間」を大切にする ・絵本が終わったら，「お外でちょうちょを見つけようか」と声をかけ，次の活動につなげる
反省・評価	部屋では何度か読んだことのある本だったため，子どもたちは物語の内容が分かっており，ページをめくる前に笑顔を見せている子が多かった。「ほらね～」「やっぱり～」と，笑いながら和やかな雰囲気で終えることができてよかった。何度読んでも楽しめる，この本の仕掛けや構成に関心させられながら，今後も本をたくさん読んでいきたい。		

本日の課題

• •

☐ 実際に部分実習指導案を作成してみましょう。▶▶▶ 別冊付録1－10

☐ 今日の授業の振り返りをしてみましょう。▶▶▶ 別冊付録 振り返り1－10

• •

第11回

指導計画の実際（模擬保育）

　実際に作成した部分実習指導案をもとに，模擬保育をしてみましょう。今回は，指導案の例と模擬保育の手順をお伝えします。

① 指導案の具体例

　指導案の具体例をみてみましょう。

♣ 表1−20　部分実習　指導案例2　「幼児ダンス　FORZA OLE！」

2017年　5月　10日（月）		実習生名　　佐藤りんご	
さくらぐみ（4歳児）		男児10名・女児15名　計25名	
ねらい		内容	
・音楽に合わせて，実習生と一緒に歌ったり踊ったりすることを楽しむ		・「FORZA　OLE！」の曲に合わせて，みんなでダンスをする	
時間	環境構成	予想される子どもの姿	保育者（実習生）の援助・配慮
10：00	○片づけがおわり，ホールに移動する 出入り口　　出入り口 （絵） 棚 ピアノ ステージ 準備物 ・CD（FORZA OLE！） ・CDプレーヤー1台 ※朝の自由遊びの際に，CDを流しておき，興味のある子は一緒に踊っていた	○片づけを終えた子ども達が，保育士に促されてホールに集まってくる ・次々と集まる子どもたち ・「なにやるの？」と聞いてくる子どももいる ・手遊びを楽しむ ・全員がホールへと集まる ・実習生の話を聞く ・「朝やっていたダンスでしょ？」と言う子もいる ・何人かは積極的に前に出てきて準備する ・あまり興味を示さない子もいる	・片づけが終わった子から，ホールへ行くように声をかける ・担任の先生に部屋をまかせ，実習生はホールへ行く ・「いまから楽しいことするからね」と話し，みんなが集まるのを待つ ・全員が集まるまでの間，手遊びをする ・手遊び「ギコギコトントン」をする ・今からCDに合わせてダンスをすることを伝える ・「先生は踊るのが大好きなんだよ」と話し，朝踊ってくれた子は一緒になって踊ってくれるようにと声をかける ・「見本を見せるから，簡単なところは一緒に踊ってね」と声をかけ，CDをかける ・元気良く踊りながら，子どもたち一人一人を見るようにする
10：05		・音楽を聴いて，実習生の近くに集まり始める ・「OLE OLE！」のところでみんなで盛り上がる ・声を出して一緒に歌いながら踊る子もいる ・みんなでサビの部分では声を出して歌って踊る ・「楽しかった」「もう一回やりたい！」という子がいる ・実習生の話を聞く ・水分補給をする	・サビのところの振り付けは簡単なので，一緒に真似するように促す ・子どもたちの周りを動きながら，盛り上げる ・声を出すところでは大きな声で，踊りの世界に入り込みつつ，子どもたちの様子を見る ・「どうだったかな？」と子どもたちに訊ねる ・もう一度，全員で行う ・いっぱい踊って汗をかいたので，みんなで水分補給するようにと声をかける
反省・評価	朝の自由遊びの際に毎日踊っていたので，多くの子ども達がスムーズに踊りの世界に入ってこれた。興味がなさそうにしていた子も，サビの部分で声を出したりジャンプしたりと，曲に合わせて元気に表現することができていたので良かったと思う。「もう一回！もう一回！」と，何度もくり返し楽しむことができたことも嬉しかった。		

2 模擬保育の手順について

表1-20の指導案にそって，次のように具体的な手順をイメージしてみましょう。実践する場合では，実際に保育士役と子ども役にわかれて模擬保育をしてみましょう。

①準備物を用意する
　ＣＤおよびＣＤデッキを使用するので用意します。
②空間的な環境を確認する
　ダンスをするのに十分なスペースがあるかどうかを確認します。
③導入部分の子どもへの言葉かけを考える
　「さっき，何人かと一緒に踊ったね。今度はみんなで踊っちゃおうか」
④子どもとのやりとりを予想する
　「え～やりたくなーい！」という子どもへの対応も考えておく。
⑤実践する
　保育士役以外の学生は，子ども役になって一緒に楽しむ。
⑥どのように終わらせていくのかを考える
　「そろそろおなかすいてきたね。もう1回踊って最後にしようか？」
⑦活動のまとめをして，みんなで楽しめたことを共有して終わる
　「みんなどうだったかな？　またあとでやってみようね！」

終了後，保育士役の学生は自分の実践を振り返ってみましょう。また，子ども役の学生は，体験してみてどうだったか，コメントをしましょう。

やってみて，よかった点や工夫していた点，改善したほうがいい点など，アドバイスをしてみましょう。

本日の課題

□実際に，前回作成した指導案をもとに模擬保育をしてみましょう。また，友達の模擬保育を見て，コメントしてみましょう。▶▶▶別冊付録Ⅰ-11
□今日の授業の振り返りをしてみましょう。▶▶▶別冊付録　振り返りⅠ-11

第12回
実習園のオリエンテーションについて学ぶ

　通常，実習へ行く1か月～2週間前には，実習園を訪問してオリエンテーションを受けます。オリエンテーションの内容は実習園によって異なりますが，実習スケジュールや持ち物の確認，保育方針の伝達などが含まれます。実習園にとっては，どのような学生が実習に来るのかを知る機会になります。

> 第1印象というのは何かと大切です。緊張しますが，礼儀正しく，社会に出るということを意識して行きましょう。

1　実習園への電話のかけ方

　オリエンテーションを受けるための電話をします。実習が複数のメンバーで行う場合には，代表者が電話をかけます。落ち着いて電話ができるように，前もって聞くことはメモをとっておき，携帯電話を使用する場合には，電波のよい静かな場所でかけるようにしましょう。電話をかける時間帯ですが，保育所の朝夕は忙しいので，午前であれば10：30～11：30ごろ，午後であれば13：00～14：30がよいでしょう。

> 電話をするときは筆記用具とメモ，手帳や予定表をきちんと用意しておきましょう。言葉づかいも十分に気をつけなくてはなりません。

　以下，電話のかけ方の例を示しますので，参考にしてください。

> ○○保育園でしょうか？　お忙しいところ失礼いたします。わたくし，○月○日より実習をお願いしております，○○大学○○科の○○と申します。実習のことでお電話させていただいたのですが，園長先生か実習担当の先生はいらっしゃいますでしょうか？

園長先生や実習担当の先生に代わっていただいたら，もう一度学校名と名前を名乗りましょう。もし，担当の先生が不在の場合には，あらためて電話をかけ直すことを伝え，かけ直すのに都合のよい時間を聞いておくといいでしょう。

実習をお引き受けいただきありがとうございます。オリエンテーションをお願いしたいのですが，〇日から〇日の間でご都合のよい日時を教えていただけますでしょうか？

　実習園が指定した日時を優先するのが基本ですが，授業や試験などで都合がつかないこともあります。そうした場合は「たいへん申し訳ありませんが，〇〇の予定が入っておりますので，ほかにご都合のよい日時はございませんか？」と，しっかり理由を伝えましょう。あいまいにして後日に変更することは失礼にあたりますので，気をつけましょう。

オリエンテーションのときの持ち物を確認させてください。実習書類，実習日誌，筆記用具，上履きのほかに，何か持参するものはありますでしょうか？

　指定された持ち物や，指示されたことはきちんとメモしておきましょう。

それでは，〇月〇日の〇時におうかがいいたします。どうぞよろしくお願いいたします。それでは，お忙しいなかありがとうございました。失礼いたします。

　電話を切る前に，もう一度日時をくり返し，お礼を伝えます。電話を切るときには，相手が電話を切ったのを確認してから切ります。

2 オリエンテーションで確認しておくこと

オリエンテーションで聞き逃したため，もう一度実習園へ電話をして確認するということがよくあります。聞き逃しのないように，聞いておくべきことはしっかり事前にチェックしておきましょう。また，オリエンテーションに行くときの服装は基本的に紺または黒のスーツです。遅刻をしないように気をつけましょう。オリエンテーションに遅刻して，実習が失格になった例もあります。

オリエンテーションは，すでに実習の一部だと考えてください。

✓ オリエンテーションで確認すること

①養成校からの書類を提出する

　　実習調査書，実習出勤表，評価表など，園の方にもしっかり確認してもらい，足りない書類があった場合は，後日送付するか提出しに来ることを伝えましょう。

②実習園の概要を聞く

　　実習園の沿革や保育方針，保育の特徴や職員構成などの説明を受けます。パンフレットなどをいただくこともあるでしょう。実習が始まるまでにある程度の概要は覚えられるようにしましょう。

③実習の日程やスケジュールを確認する

　　出勤時間の確認，配属クラスや年齢・行事などの確認をします。どのクラスに何日間，どのような順番で入るのかを知ることで，実習への準備がしやすくなります。配属年齢の希望を聞かれることもあるので考えておきましょう。

　　0歳児から順番に入っていくパターンや，1つのクラスに1週間ずつ固定されるパターンなどは，実習園によってさまざまです。部分実習をどこのクラスで行うのかもあらかじめ確認しておいたほうがいいですね。

④実習開始までに準備する歌やピアノ伴奏について確認する

　　園で日常的に歌っている歌を教えてもらったり，楽譜を貸してもらったりして，事前に練習ができるようにしましょう。園によっては，課題が出されることもあります。

⑤養成校の実習記録を見てもらい，書き方や提出方法を確認しておく

　養成校で学んだ書き方を基本としますが，なかには実習が始まってから書き方の細かい指示をしてくる園もあります。オリエンテーションの段階で書き方や用語の使い方などを確認できておくといいですね。また，提出方法については，いつ，どこで，だれに提出するのかも理解しておくといいでしょう。

【園によって書き方の異なる例】
　乳児・幼児＝子ども
　午睡＝お昼寝
　トイレ＝排泄

【提出方法の異なる例】
・次の日の朝，所長の机に提出
・次の日，前日担当してもらった先生に直接提出

⑥実習方法を確認する

　初めての実習では，見学実習および参加実習になります。保育所実習では，見学しつつ参加実習といったように，境界線がないことも多いです。子どもとどの程度関わってよいのかを聞いておくといいでしょう。

　また，メモをとってもよいのか，自前で絵本を持ってきてよいのか，部分実習でパネルシアターをやりたいがパネル板はあるのかなど，気になることがあったらしっかり聞いておきましょう。

オリエンテーションのときの担当者と，実際クラスに入ってからの先生とでは，意見が微妙に異なることもあります。「オリエンテーションでこのように確認したのですがよろしいでしょうか」と，しつこくない程度に聞ければいいですね。

⑦持ち物やマナーについて確認する

　通勤時の服装，保育中の服装，日々の持ち物，給食費の支払いの時期についても確認しておきましょう。少しでも実習中に迷いが少なくなるように，聞いておきたいことがあればオリエンテーションの際に聞いておきましょう。

本日の課題

□オリエンテーションの電話や確認することのリストを作成し，2人組（実習生役と園長役）になって練習してみましょう。▶▶▶別冊付録 1-12
□今日の授業の振り返りをしてみましょう。▶▶▶別冊付録　振り返り 1-12

第13回
実習前の最終確認

　いよいよ実習が近づいてきました。実習が始まるまでに，実習に備えてのさまざまな持ち物や教材など，準備を整えなければなりません。多くの養成校では実習前に校内でもオリエンテーションが実施され，基本事項，諸注意，実習後についての説明を受けます。万一の事故や体調不良などで実習を遅刻・欠席する場合に備えて，連絡方法を必ず確認しておいてください。わからないことがある場合には自己判断せず，養成校の実習担当の教員に報告・連絡・相談するようにしましょう。

緊急時に連絡するところについては，必ず確認しておきましょう。

1　実習中の巡回指導について

　実習中は，必ず養成校の教員が保育所を巡回し，実習指導を行うことになっています（遠方の場合は，電話での指導の場合もあります）。養成校の教員が巡回実習指導を行うことで，みなさんがどのような実習を行っているのか，状況を把握することができるからです。実習中の巡回教員とのやりとりについて，いくつかふれておきます。

（1）巡回教員と事前顔合わせをしておく

　実習中，せっかく養成校の先生が来てくれたのに，「その先生とはあまり話したことがないので……とくに話すことはありません…」といったことがあります。巡回指導は，養成校の教育に関わる全教員で行うものですので，なかにはほとんど面識のない先生が担当になることもあります。しかし，実習中に唯一直接話すことのできる貴重な先生です。事前に必ず顔を合わせて，実習に対する自分の考えや実習の課題などを話し，意思疎通しておきましょう。

学内のことではありますが，これも実習の一部です。巡回教員への言葉づかい，態度などには気をつけましょう。

（2）実習中，巡回教員とは何を話すのかをイメージしておく

　実際に実習が始まると，いろいろなことが起こります。精神的につらいこともあるかもしれません。巡回に来た教員には，実習園の先生に話しにくいことや，不安に感じていること，毎日の実習の様子などをいろいろ話してみましょう。自分の気持ちを話すことで，気持ちが楽になったり，励まされたりもします。巡回教員との面会から，気持ちを新たに，実習を乗りこえていけるようになればいいと思います。

健康面や体調に関することについては，不安があったら必ず話しておきましょう。

（3）実習中に体調不良になった際の対応を確認しておく

　実習中，体調が悪くなった際は，無理をせずに，実習園の先生に伝えるようにしましょう。延長実習として対応する場合と，実習中止となる場合がありますが，もし中止となった場合は，あらためて体調を整えてから出直しましょう。なお，中止や延長といった判断は養成校から園に対してお願いすることですので，体調不良の際は必ず養成校へ連絡を入れましょう。日曜や早朝・深夜の場合もありますので，その場合は巡回教員へ電話かメールをして，指示を仰ぐようにしましょう。

本日の課題

□巡回担当の先生は誰で，いつ事前顔合わせを行いますか？
　調べたら下記に記入しておきましょう。

　　　　　　　　　　　　　　　　　　　　　　　先生

　　研究室番号　　　　　　　　　　　　連絡先

　　事前顔合わせ予定日

□今日の授業の振り返りをしてみましょう。▶▶▶ 別冊付録　振り返り 1-13

2 実習が終了してからの流れ

(1) 実習記録を提出する

　実習が無事に終わったら，実習記録の最終提出があります。実習記録に実習全体の反省会の記録や実習の振り返りを記入し，記載漏れがないか確認したうえで実習園に提出しにいきます。

> 実習の最終日に，実習記録の最終提出日を確認します。最終提出日には，返却予定日と時間を相談しておきます。

(2) お礼状を書く

　お世話になった実習園に対してお礼状を書くことは社会人としての常識です。お礼状は，実習記録を返却してもらったらすぐに書きます。実習生一人一人が封書で送りましょう。

　現代では，手紙を書くという習慣がないため，とても難しいものですが，しっかりと心をこめて書けるようにしましょう。

✓ お礼状のルール

- お礼状は，園長先生宛に出します。
- 実習生一人一人が手書きで心をこめて書きます。
- 白無地の便箋と封筒を使います。
- 誤字や脱字やくせ字にならないよう気をつけます。
- 実習のエピソードなどを加え，自分の文章をつづります。
- 子どもへのメッセージを入れる場合は，別紙に書きます。

> 次ページのお礼状は，あくまでも見本です。内容はしっかりと自分の言葉で考えて書きましょう！ ▶▶▶ 別冊付録Ⅰ-13にメモ用の欄を用意していますので，ぜひ活用してください。

表1-21 お礼状の例

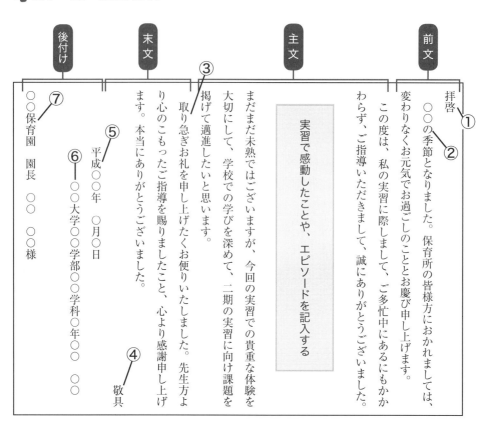

（前文）
① 頭語は1行目の頭から書きます。
（頭語・時候のあいさつ）
② 時候のあいさつは、改行して1字下げて書き始めます。季節感を交えて、自分の言葉で書けたらいいですね。
「拝啓」が一般的です。

（主文）
③ 主文に入るときは、改行して1字下げにします。
（本文）
・具体的なエピソードを交え、実習で自分が学んだことや反省したこと、気づいたことなどを謙虚に書きましょう。

（末文）
④ 結語は、文末に下揃えで書きます。
（結びのあいさつ・結語）
「敬具」が一般的です。
・結びのあいさつは1字下げます。

（後付け）
⑤ 日付は、行頭より2～3字下げて書きます。
（日付・署名・宛名）
⑥ 署名は差出人の名前を日付の下、または次の行に書きます。
⑦ 宛名は敬称を忘れないようにしましょう。差出人よりもやや大きめに書きます。

第**14**回

実習の振り返りと自己評価

　保育所実習Ⅰ，おつかれさまでした。実習が終わって「もうぜんぶ忘れた！」とならないように，授業では必ず事後指導というものが行われます。事後指導の形式は養成校によって異なりますが，基本となることは実習の振り返りや自己評価です。さまざまな視点に基づいて，実習を思い出しながら文章化や点数化などをしていきます。

　また，実習園から養成校には，みなさんの実習の評価表が戻ってきます。評価表には，みなさん実習生に対する実習園からの評価が記されています。ドキドキしてしまいますが，評価を謙虚に受け止めて，今後の学びへとつなげていきましょう。

❶ 振り返りシートの作成

　実習を終えたら，忘れないうちに振り返りシートを作成しましょう。下に例をあげておきますので，参考にしてください。

❦ 表1－22　振り返りシートの例

	1日目	2日目	3日目	4日目	5日目	6日目	7日目	8日目	9日目	10日目	11日目	12日目
担当クラス	0歳児	0歳児	1歳児	1歳児	2歳児	合同	3歳児	3歳児	4歳児	4歳児	5歳児	合同
保育の内容	散歩	散歩	庭遊び	庭遊び	散歩	室内遊び	庭遊び	製作	庭遊び	散歩	庭遊び	室内遊び

やや慣れてきた子どもたち

子どものかわいさに感激した！

少人数でゆっくり関わることができた！

身体を使っての遊びが盛り上がる！

実習にも慣れてきた子どもにも積極的に話せた

人見知りから子どもに相手にされず悩む

2歳児クラスの忙しさと身体的な疲れ

本日の課題

□振り返りシートの例を参考に，あなたも振り返りシートを作成してみましょう。▶▶▶ 別冊付録Ⅰ－14

□今日の授業の振り返りをしてみましょう。▶▶▶ 別冊付録　振り返りⅠ－14

② 自己評価をするにあたって

　実際に保育の現場を体験してみてどうでしたか？　学生によっては自分の思っていた理想の保育ができず，現実とのギャップに苦しんだ人もいるかもしれません。しかし，うまくいかなかったことも大切な経験です。それも含めて気づきや学びであるととらえましょう。十分に振り返って反省し，次に活かしていくことが大切です。また，うまくいったことや褒められたことはどんどん自信につなげていってください。

　以下の表は，実習における評価のポイントを示したものです。自分がどのくらいできたのか，自己評価するうえでの目安にしてみてください。

🍀 表１－23　実習における評価のポイント

	評価項目	
1	勤務時間より早めに来て，環境整備を行っていましたか？	
2	保育をするのに適した服装でしたか？	
3	勤務中に余計な雑談をすることはありませんでしたか？	
4	挨拶や言葉づかいは適切でしたか？	
5	常に所（園）長やその他の職員，保護者などの外来者に対して適切な対応ができていましたか？	
6	保育所から指示されたことを守っていましたか？	
7	実習記録（日誌），指導案，その他の提出物の提出期限は守れましたか？	
8	いつも笑顔で対応していましたか？	
9	子どもに愛情をもって接していましたか？	
10	自分から積極的に子どもの中に入ろうとしていましたか？	
11	子どもの状態を敏感に察知しようとしていましたか？	
12	一人一人の子どもに注意を向け，適切に対応しようとしていましたか？	
13	子どもの年齢にあった言葉づかいができていましたか？	
14	子どもに受け入れられていましたか？	
15	子どもの発達にあった対応ができましたか？	
16	自由遊びのときなど，子どもの興味・関心にそった保育をしようとしていましたか？	
17	一斉的な活動などで，子ども全体に目を配っていましたか？	
18	全体の保育の流れや保育者の動きに目をとめていましたか？	
19	指導案やねらいや内容，環境構成など子どもの年齢にあった，また興味にそったものでしたか？	
20	部分実習中，子どもに対する援助や言葉掛けは適切なものでしたか？	
21	指導案に基づきながら，子どもの状態に対応した保育を展開することはできましたか？	
22	自分の保育技術についての反省・評価は適切でしたか？	
23	実習記録（日誌）の記述の仕方・内容は適切でしたか？	
24	何事も意欲的に取り組もうとしていましたか？	
25	誠実・積極的に実習をしていましたか？	
26	機敏に行動しようとしていましたか？	
27	状況に応じて柔軟かつ臨機応変に対応することができましたか？	
28	創意工夫し研究しようとする態度がありましたか？	
29	常に責任感を持って実習に取り組んできましたか？	
30	独断的に行動せず，強調しようする態度は見られましたか？	

第15回
保育所実習Ⅰの総括

❋ 報告書の作成

前回の授業では，実習の振り返りを行いました。今回は，実習の報告書を作成していき，あらためて今回の実習の総括ができればと思います。

(1) 実習報告書の作成時の条件

報告書を作成するにあたっては，次のような条件がありますので，確認しておきましょう。

  報告書の条件

- パソコンのワープロソフトを用いて作成します。
- 1人につき，A4サイズで2枚になります。
- 項目については以下のとおりです。

  1. 実習園の概要　　2. 実習の目的　　3. 実習時間　　4. 配属クラス
  5. 実習の内容　　　6. 部分実習　　　7. 実習の成果　　8. 今後の課題

(2) 報告書作成の意義

実習では，常に実習記録を手書きしてきました。しかし，保育の現場でもパソコンを使用する機会が増え，保育課程をはじめとする保育計画に関しては，ほぼワープロでの作成が一般的です。

また，就職すると研修も頻繁に行われます。その際の報告書はまさに今回の報告書と似たような形式で書かれていることでしょう。決められた様式で，決められた字数でまとめるということも，大切なことです。保育という仕事は，子どもに関わることがメインであるのはもちろんですが，こうした書類も，限られた時間内で作成できるようにがんばりましょう。

本日の課題

□表1－24を参照に，実習報告書を作成しましょう。

❦ 表1−24　保育実習報告書（例）

保育実習I　保育所実習報告書

こども学部　保育学科　3−B　　1300−123456　佐藤 りんご
実習園　未来市立　〇〇保育所
実習期間　2016 年 8 月 25 日〜9 月 6 日（12 日間）

1．園の概要

　〇〇保育所は，昭和 51 年 4 月に開園した。産休明けから就学前までの子どもを 80 名定員で保育している。

　園内に地域子育て支援センターが併設されているほか、地域の親子が安心して遊びに来ることができる「なかよし広場」「みんなであそぼう」といった出前広場も行っている。

　園の目標は元気に遊べる子・健康な子・思いやりのある子・自分で考えて行動できる子である。

> 実習園の概要を書く。

2．実習の目的

　実習の目的は以下の通りである。
・年齢による子どもの発達の差，活動の違いについて学ぶ。
・クラス全体への関わり方とここに関わる時の違いや工夫を学ぶ。
・保護者の方と先生方とのやり取りや支援を学ぶ。
・活動をする際の環境設定について，どのように子どもの興味をひいて遊びにつなげるのか，先生方を見て学ぶ。

> 実習の目的を箇条書きでまとめて書く。

3．実習時間

　早　番　7：30 〜 16：15
　普通番　8：30 〜 17：15
　遅　番 10：15 〜 19：00

> 実習時間を書く。

4．配属クラス

　1，2 日目：ももぐみ（2 歳児）
　3，4 日目：ゆりぐみ（3 歳児）
　5 日目：さくらぐみ（4 歳児）
　6，12 日目：合同保育
　7，8，9，10，11 日目：すみれぐみ（5 歳児）

> 配属クラスを書く。

5．実習の内容

　1 歳児クラスでは，食事・排泄・衣服の着脱などの生活面で子どもができることはすぐに援助しないように見守り，褒めたり喜びを共感したりしながら援助することを心がけた。子どもの意欲を達成感につなげられるように関わることができた。

　2 歳児クラスでは，生活面は見守ったり，「手は洗ったかな？」などと声をかけて促したりすることができた。遊びの面では，子どもと一緒に遊びながら話を聞いたり，子ども同士のやり取りを見守ったり，ケンカの様子を把握し，声かけをすることができた。

　3 歳児クラスでは，生活面は子どもが支度をしているところは見守り，止まっていたら「次は何をするのかな？」と声をかけて促すことができた。遊びの面では，会話を通して簡単なルールある遊びを楽しむことができた。

　4 歳児クラスでは，遊びの面でゲームを通して会話をしながら遊ぶことができた。子どもの中でルールが分かれてしまったときは，意見を聞きながら解決策を提案して解決することができた。

　5 歳児クラスでは，友達同士の遊びを見守ったり，子どもたちと一緒に遊ぶ中で気持ちや意見を伝え合うところを見守ったり，言葉で伝えられるように促したりすることができた。

> 実習の内容について，どんなことをしたのか具体的に書く。（全体的な内容）

6．部分実習

　実習 10 日目，5 歳児すみれぐみで部分実習をさせていただいた。内容は，授業で作った「はらぺこあおむし」のパネルシアターと手遊びを行った。はじめにあおむしについて子どもたちに問いかけ，その後あおむしの手遊びを楽しむ。手遊びの歌に合わせて子どもたちは一生懸命真似してくれた。また，パネルシアターがはじまると，集中して最後まで見てくれた。問いかけに対しても，元気に答え

てくれた。
　反省点としては，子どもたちの中に「はらぺこあおむし」の絵本を持っているという子もいたので，そういった子どもにも期待を持って参加できるような声かけができればよかったと思う。また，もっと余裕を持って，臨機応変に対応できるようにしたいと思った。

> 部分実習の内容を具体的なエピソードをまぜながら書く。

7．実習の成果
　初めての保育所実習で不安もあったが，すぐに先生方や子どもたちの温かさで不安もなくなり，楽しく思い切り実習に集中することができた。
　先生方は，クラス全体に関わるときは子ども気持ちを受け止めながら導いていて，個々に関わるときは子どもに寄り添いながら真剣に関わっていた。
　また，保護者支援では，登園時の会話ややり取りがとても大切で，保護者の言葉から詳しく子どもについて聞くべきことを聞いたり，保護者の気持ちや考えを共感しながらアドバイスをしていたりした。そこから信頼関係を築いているのだと学んだ。

　実習全体を通して，短い間で子どものペースに合わせて話を聞いたり，寄り添った関わりをしたりすることで，心を開いてもらえるものだと学んだ。普段は慣れるまでに時間のかかる子ども何名かが，早くに心を開いてくれたことに驚いたと先生に言っていただいた。寄り添うことの大切さを実感できた。

> 実習の成果についてまとめて書く。

8．今後の課題
　実習を通して，各クラスでは年齢や発達に合った声かけをすることができたが，合同保育の時に年齢にあった声かけを瞬時に行うことが難しかった。発達段階をもっとしっかりと覚えて，発達に合った声かけがもっとできるようにしていきたい。
　また，部分実習では緊張してしまい，子どもたちとの会話がぎこちなくなってしまったので，緊張して子どもたちとやり取りを楽しみ，期待を持てる声かけをする余裕をもてるようにしたい。
　最後に，早い判断と行動ができなかったところがあった。考えすぎて迷うことが多かったので，少しずつでも早い適切な判断ができるように努力し，次の実習では克服できるよう準備をしていきたいと思う。

> 今後の課題についてまとめて書く。

保育実習の目標と内容について

<科目名>
保育実習Ⅰ
(実習・4単位:保育所実習2単位・施設実習2単位)

<目標>
1. 保育所、児童福祉施設等の役割や機能を具体的に理解する。
2. 観察や子どもとのかかわりを通して子どもへの理解を深める。
3. 既習の教科の内容を踏まえ、子どもの保育及び保護者への支援について総合的に学ぶ。
4. 保育の計画、観察、記録及び自己評価等について具体的に理解する。
5. 保育士の業務内容や職業倫理について具体的に学ぶ。

<保育所実習の内容>
1. 保育所の役割と機能
 (1) 保育所の生活と一日の流れ
 (2) 保育所保育指針の理解と保育の展開

2. 子ども理解
 (1) 子どもの観察とその記録による理解
 (2) 子どもの発達過程の理解
 (3) 子どもへの援助やかかわり

3. 保育内容・保育環境
 (1) 保育の計画に基づく保育内容
 (2) 子どもの発達過程に応じた保育内容
 (3) 子どもの生活や遊びと保育環境
 (4) 子どもの健康と安全

4. 保育の計画、観察、記録
 (1) 保育課程と指導計画の理解と活用
 (2) 記録に基づく省察・自己評価

5. 専門職としての保育士の役割と職業倫理
 (1) 保育士の業務内容
 (2) 職員間の役割分担や連携
 (3) 保育士の役割と職業倫理

<科目名>
保育実習Ⅱ
(実習・2単位:保育所実習)

<目標>
1. 保育所の役割や機能について具体的な実践を通して理解を深める。
2. 子どもの観察や関わりの視点を明確にすることを通して保育の理解を深める。
3. 既習の教科や保育実習Ⅰの経験を踏まえ、子どもの保育及び保護者支援について総合的に学ぶ。
4. 保育の計画、実践、観察、記録及び自己評価等について実際に取り組み、理解を深める。
5. 保育士の業務内容や職業倫理について具体的な実践に結びつけて理解する。
6. 保育士としての自己の課題を明確化する。

<内容>
1. 保育所の役割や機能の具体的展開
 (1) 養護と教育が一体となって行われる保育
 (2) 保育所の社会的役割と責任

2. 観察に基づく保育理解
 (1) 子どもの心身の状態や活動の観察
 (2) 保育士等の動きや実践の観察
 (3) 保育所の生活の流れや展開の把握

3. 子どもの保育及び保護者・家庭への支援と地域社会等との連携
 (1) 環境を通して行う保育、生活や遊びを通して総合的に行う保育の理解
 (2) 入所している子どもの保護者支援及び地域の子育て家庭への支援
 (3) 地域社会との連携

4. 指導計画の作成、実践、観察、記録、評価
 (1) 保育課程に基づく指導計画の作成・実践・省察・評価と保育の過程の理解
 (2) 作成した指導計画に基づく保育実践と評価

5. 保育士の業務と職業倫理
 (1) 多様な保育の展開と保育士の業務
 (2) 多様な保育の展開と保育士の職業倫理

6. 自己の課題の明確化

(平成27年3月31日 厚生労働省雇用均等・児童家庭局長「指定保育士養成施設の指定及び運営の基準について」より引用)

第2部

保育実習指導Ⅱ
(保育所)の手引き

　第2部では，2回目の保育所実習についての解説を行います。1回行ったからといって，甘くみていると痛い目をみてしまいます。しっかりと1回目の実習の反省をふまえて臨んでいきましょう。

第1回
保育実習指導Ⅱについて理解する

1 保育実習Ⅱ（保育所）の意義について

すでに終了した保育実習Ⅰは，養成校において保育士資格を取得するうえで，学生全員が履修しなければならない必修科目です。一方，保育実習ⅡまたはⅢは選択となり，施設実習または保育所実習のどちらかの実習を行うこととなります。

2回目の実習だからといって，単に同じことをするのではなく，保育実習Ⅰの経験をふまえて，さらに高い目標にチャレンジすることが大切です。日常の保育のなかで，積極的に部分実習を行い，実習の後半には1日の責任実習を行うことになるでしょう。子どもへの理解が深まり，実習Ⅰでの反省点も克服していけることと思います。

また，保育所保育士の役割，養護と教育の一体，子育て支援の機能についても，より理解を深めていけたらいいですね。

厚生労働省の示す実習Ⅱの目的について確認してみましょう（56ページ参照）。

2 振り返りの重要性について

実習Ⅰの事後指導では，振り返りと自己評価を行ったことと思います。実際の保育でも，「保育の計画→保育の実践→自己・他者評価→新たな実践への解決策を探る」というくり返しによって，保育の質を高めています。これは，PDCAサイクルといって，保育以外の質の向上プログラムにも使用されている概念です。

🍀 表2－1　保育におけるPDCAの循環モデル

- Plan　　保育の計画・個別計画などを立てる
- Do　　　プランに沿って保育を実践する
- Check　 自己・他者評価で振り返る
- Action　新たな実践への解決策を探る

3 保育者という仕事の専門性について

アメリカの哲学者ドナルド・ショーン（Schon, D.）は，「専門家」と呼ばれる職業には次の2つのタイプがあると述べています。

1. 理論や知識を実践にあてはめて効率よく合理的に反復して行動する専門家 → 技術的熟達者と訳されています。
2. 不確定な状況のなかで思考しながら判断し，振り返りをくり返し成長する専門家 → 反省的実践家と訳されています。

では，保育という仕事はどちらの専門家としてあてはまるでしょうか？

技術的熟達者としての側面

　保育者は，子どもの育ちや発達といった心理学的な面や，子どもの病気や栄養といった健康面など，じつにさまざまな知識が要求されます。さらに，ピアノ技術や言葉かけなどとっさの判断力や，高い技術力が求められます。

反省的実践家としての側面

　保育という仕事には，「答えがない」と言われることがあります。保育者のとっさの判断で「今，この子への言葉かけは正しかったのか？」という不確定な状況のなか，保育は日々くり返されていきます。そして，PDCAをくり返しながら成長していきます。

　つまり保育者は技術的熟達者でもあり，反省的実践家であるのです。こうした実態から，専門家とよばれる仕事のなかでも「保育士」は，たいへん高度な職業であるといえます。

> **本日の課題**
>
> □授業のシラバスを確認し，保育実習指導Ⅱの授業内容について理解しましょう。また，厚生労働省が示す保育士養成施設の運営基準資料を確認してみましょう。▶▶▶別冊付録2－1
> □今日の授業の振り返りをしてみましょう。▶▶▶別冊付録　振り返り2－1

第2回
実習課題の共有と明確化

❋ 実習Ⅰの振り返りとグループワーク

　実習Ⅰの事後指導では，一人一人の振り返りを行い，報告書を作成しました。今回は，グループのなかで，評価や課題を報告し合います。それぞれの体験は，次の実習では自分自身の体験に関係してくることもあります。しっかり聞いて，課題を解決するためのアイデアを出し合い，お互いの問題意識を高めていきましょう。

　学生たちからの振り返りの言葉

部分実習を一度やらせてもらって満足してしまい，その後も何度かチャンスはあったのだが，結局やらなかった。次回はもっと積極的に，何事にも挑戦していきたい。

 子ども同士でケンカしたときに仲裁に入ったがケンカをやめなかったので，先生を呼んで止めてもらった。自分の力不足を感じた。次回は同じことのないように，先生の動きを見て学びたい。

日誌を書くときに，うまく要点をまとめられなかった。誤字や脱字に気がつかなかった。次回は，要点をメモにまとめ，誤字・脱字がないように確認し，配慮する。

 実習生だからといって，できることを「やって！」と子どもに頼られた。次回は1人の保育者として見てもらえるような立ちふるまいをしたい。

1人の子どもと遊んでいたときに，ほかの子どもたちも集まってきて，大人数での遊びを展開できなかった。次回は保育室以外の場所を使ったり，遊びのレパートリーを増やしたりして，適切に対応したい。

本日の課題

□グループの中で実習に関するテーマを決めて話し合い，全体発表をしましょう。▶▶▶別冊付録2－2

【 テーマの例 】
・準備しておいて役に立ったこと
・実習中に困ったこととたいへんだったこと
・実習記録で苦労したこと
・指導案で苦労したこと
・実習をしていて最もうれしかったこと
・部分実習で学んだこと
・実習中に改善できたこと
・保育士の役割について理解したこと
・保育士の連携について理解したこと
・保育士の先生方から学んだこと
・子どもの発達の違いから気づいたこと
・子どもたちから学んだこと

注意点

　たんに問題点を羅列するだけでなく，解決策や学んだことなどをクラス全員で共有できるようにまとめましょう。どの項目も「よかった」だけで終わるのではなく，さらに質を高めるために「こうしたい！」といった発表ができるといいですね。

□今日の授業の振り返りをしてみましょう。▶▶▶別冊付録　振り返り2－2

話し合いの進め方は次のようになります。
1．それぞれの実習体験を発表
2．テーマを決める
3．テーマについての意見（経験談）
4．解決策や今後の展開について意見交換
5．出た意見をまとめて，発表する

第2部　保育実習指導Ⅱ（保育所）の手引き

第3回

実習Ⅱの目標および実習記録の確認

1 実習Ⅱの目標を考える

前回までの授業で，実習Ⅰについていろいろな振り返りをしてきました。個人でもグループでも振り返りを行い，そろそろ実習Ⅱに関しての目標も明確になったのではないでしょうか。

今回は，実習Ⅱに向けての目標について，自分自身の考えをまとめて，レポートを作ってもらおうと思います。表2－2も参考にしてください。

🌸 表2－2　実習への目標例

保育所実習における目標は次の3点です。

1つめは責任実習です。幼稚園実習のときに一度経験はありますが，幼稚園と保育所では1日の流れが違います。そのため，1日の流れを把握し，指導案をしっかり立て，事前準備をすることが大切だと思います。しかし，指導案どおりにいくとは限りません。そのときに戸惑ってしまうのではなく，落ち着いて子どもたちが楽しめるよう，臨機応変な対応ができるようにしたいと思います。

2つめは，積極的に行動するということです。前回の実習では，子どもが泣いてしまったときに戸惑ってしまうことがあったり，わからないことがあったときにすぐに聞いて行動できなかったりしたことがありました。今回の実習では，今自分がやるべきことは何か，どう行動すべきかを考えて，わからないことがあればすぐに先生方に聞き，行動に移せるようにしたいです。

3つめは言葉がけをうまくできるようになりたいです。前回の実習で，あらためて言葉かけの大切さを学びました。ただ「～しようね」というのではなく，子どもが興味をもてるように工夫することが必要です。その場の状況に合わせて，また子どもの発達段階や性格を把握して一人一人に合った言葉がけができるようになりたいです。

今回の実習は2回目の保育所実習でもあり，最後の実習でもあります。前回の実習で学んだことや反省を活かし，悔いが残らないよう精いっぱい頑張りたいです。

本日の課題①

□実習Ⅱにおける，あなたの目標を書いてみましょう。実習Ⅰの反省をふまえたうえで，より保育についての専門性が高まるような目標を立ててみましょう。▶▶▶別冊付録2－3A

2 実習記録の確認

保育実習Ⅰでは，勉強してきたとはいえ，実習記録をとることは難しかったのではないでしょうか。ようやく慣れてきたころに終了になってしまった，という声もよく聞かれます。実習Ⅱでは，同じ失敗をすることなく，はじめからステキな実習記録がとれるように，あらためて準備をしていきましょう。

今回の授業では，実習Ⅰで作成した実習記録をお互いに読み合うことで，より高度な実習記録が書けるようになるのが目的です。

本日の課題②

□友達の実習記録を添削してみましょう。▶▶▶ 別冊付録2－3B

【方法】（3～5人組になります）

1. 自分の実習記録で，一番「よく書けた！」と思う1日を選んでください。
2. 指定したページを決めたら，友達と交換します。その際，コメントシートも交換します。
3. 指定されたページをしっかりと読み，コメントシートを記入します。
4. もう1人の友達と交換します。同じように，コメントシートを記入してください。
5. 全員分のコメントシートが書き終わったら，自分に書かれたコメントシートを読みます。
6. 中央にコメントシートと実習記録を置いて，互いにコメントについて語り合います。
7. 全員で考察が終わったら，コメントシートの振り返り欄に，自分の感想を書きます。

注意点

・誤字・脱字の指摘だけで終わらないようにしましょう。
・「きれいに書けている」だけの感想で終わらないようにしましょう。
・どんなところがすばらしいのか，具体的に書いてみてください。

□今日の授業の振り返りをしてみましょう。▶▶▶ 別冊付録　振り返り2－3

第4回

保育士の社会的責任と保育士倫理

1 保育所の社会的な役割

今さらではありますが，保育所は児童福祉法に基づいて保育を必要とする乳幼児を保育する児童福祉施設です。

近年，女性の就労，親の介護，保護者の病気，離婚によるひとり親家庭の増加などによって，保育を必要とする子どもたちが増えています。こうした子どもたちの生活と発達を保障し，家庭養育の機能を補うのが，保育所の役割となっています。

ちなみに，「保育を必要とする」の記述については，「児童福祉法」第39条（2015年4月改正）により「保育に欠ける子ども」から変更されました。

---

(5) 保育所の社会的責任

ア　保育所は，子どもの人権に十分配慮するとともに，子ども一人一人の人格を尊重して保育を行わなければならない。

イ　保育所は，地域社会との交流や連携を図り，保護者や地域社会に，当該保育所が行う保育の内容を適切に説明するよう努めなければならない。

ウ　保育所は，入所する子ども等の個人情報を適切に取り扱うとともに，保護者の苦情などに対し，その解決を図るよう努めなければならない。

（2017［平成29］年告示　保育所保育指針　第1章　総則より）

✓CHECK 保育所保育指針の重要性

実習指導Ⅰの授業にも出てきましたが，保育所保育指針はこれまでに何度も改訂・改定され，現在（2017年9月）最新のものは，2017（平成29）年3月に告示されたものとなっています。大切な記述がたくさん書かれていますので，何度も読み返しておきましょう。

2 保育士の倫理観

　保育士の言動は，子どもやその保護者に大きな影響を与えます。このため，保育士は高い倫理観をもって援助にあたることが必要となります。「全国保育士会倫理綱領」では次のように述べられています。

> 　すべての子どもは，豊かな愛情のなかで心身ともに健やかに育てられ，自ら伸びていく無限の可能性を持っています。
>
> 　私たちは，子どもが現在（いま）を幸せに生活し，未来（あす）を生きる力を育てる保育の仕事に誇りと責任をもって，自らの人間性と専門性の向上に努め，一人ひとりの子どもを心から尊重し，次のことを行います。
>
> 　　私たちは，子どもの育ちを支えます。
> 　　私たちは，保護者の子育てを支えます。
> 　　私たちは，子どもと子育てにやさしい社会をつくります。
>
> （全国保育士会倫理綱領［平成14年度　第2回全国保育士会委員総会採択］より）

　全国保育士会倫理綱領とは，全国保育士会によって作成された，専門職としての社会的責任や職業倫理といった行動規範を記したものです。上記の文章には続きがありますので，ぜひ全文を読んでみてください。

✓ 保育士の守秘義務

　「児童福祉法」第18条の22において，「保育士は，正当な理由がなく，その業務に関して知り得た人の秘密を漏らしてはならない。」とあります。ただし，虐待に関してのみ守秘義務よりも「児童虐待の防止等に関する法律」にある通告義務のほうが優先されます。

本日の課題

□実習Ⅰの経験から，保育士倫理に関することで気になったこと，疑問に思うことなど，事例をエピソードで書いて友達と共有しましょう。
　▶▶▶ 別冊付録2－4

□今日の授業の振り返りをしてみましょう。▶▶▶ 別冊付録　振り返り2－4

第2部　保育実習指導Ⅱ（保育所）の手引き

第5回
保育所保育における養護の理念

0,1,2歳児クラスは,保育(養護と教育)のなかでも「養護」の側面が重要視されています。しかし,養護のことを単に「身のまわりのお世話をする」といった意味でとらえてはいけません。専門家としての理論的な側面も理解しておきましょう。

1 養護の定義について

2017(平成29)年告示の保育所保育指針(以下,保育指針と呼称)では「養護」が総則に位置づけられました。そこには「保育における養護とは,子どもの生命の保持及び情緒の安定を図るために保育士等が行う援助や関わり」であると記載されています。子どもたちの命を守り,育むことと,子どもに寄り添い安心して生活が送れるように支えることは,保育の根幹となります。

2 「養護」の重要性を理解する

0～2歳児までは,他者との関わりを初めてもち,自我の形成や心身の発達に重要な時期であると言われています。そのなかで,平成27年度には1,2歳の利用率が38.1%に上昇し,多くの3歳未満児が保育所を利用するようになりました。これまでも,もちろん0～2歳児保育の大切さは認識されていましたが,よりいっそうの理解を求め,保育指針の内容が充実しました。

今,多忙な保育の現状で子ども一人一人を十分に受け入れることができない,流れ作業のような保育になってしまうなど,養護的な側面が欠けてしまっている保育所が増えています。保育所は単なる「受け皿」ではない,子どもの発達を保障する場であることを,みなさんは意識しましょうね。

③ 「学びの芽生え」という位置づけを知る

0～2歳児の保育には「学び」という言葉はなじみの薄いものです。しかし，乳児期から子どもは，生活や遊びのさまざまな場面で，主体的に周囲の人や物に興味をもって関わっていこうとします。そうした姿が，後の幼児教育，小学校以降の教育，生涯の学びの出発点に結びつくものだと，保育指針ではとらえられています。

④ 他者と関わる力の基礎をつくる

コミュニケーションの希薄な時代だと言われますが，0～2歳児の時期にも，他者と関わる力を育むための大事な時期だと言われています。1歳児から2歳児にかけては，歩行の始まりから完成，言葉の獲得によって，人や物への興味・関心が広がります。そうしたなかで，いろいろな他者と関わっていくことで，後のコミュニケーション力へとつながっていくこともわかってきています。

⑤ 保育士の関わりの重要性を意識する

0～2歳児という，発達が飛躍的に進む時期，生活をともにする保育士の役割はとても大きいといえます。専門家としての保育士が子どもと関わることで，それぞれの子どもの発達に応じた支援が適時・適切に行われることが重要です。保育士一人一人が，そのことを意識しながら保育にあたっていくことが必要になります。

本日の課題

・・

□実習Ⅰの経験から，0～2歳児保育に関する内容について，難しかったこと，うまくできたことなど，事例をエピソードで書いて友達と共有しましょう。
　▶▶▶ 別冊付録2－5

□今日の授業の振り返りをしてみましょう。▶▶▶ 別冊付録　振り返り2－5
・・

第2部　保育実習指導Ⅱ（保育所）の手引き

第6回
保育所保育における幼児教育の理念

　3，4，5歳児クラスの保育は，「幼児教育」という言葉で表すことが多く，保育内容の5領域にそって「保育所保育指針」「幼稚園教育要領」「幼保連携型認定こども園教育・保育要領」との整合性が図られています。そのため，いずれに通う子どもについても，同等の内容での幼児教育が保障されています。

ここでいう「幼児教育」の定義ですが，小学校以降の学校教育の基礎を培うものとした，満3歳以上児に対する教育のことを示します。

1 幼児教育に共通するもの

　保育所は，保育を必要とする子どもを保育する児童福祉施設，幼稚園は幼児期の学校教育の場，幼保連携型認定こども園はその双方を兼ねたものです。そうした3つの施設において「環境を通しての教育であること」「主体的な生活，自発的な活動としての遊びを重視すること」「専門家（保育士，幼稚園教諭，保育教諭）が専門的技量に基づき子どもを指導，援助すること」「組織的・計画的に進めるもの」といった共通の原則のほかに，幼児期の終わりまでに育ってほしい姿として，3つの指針・要領において共通した10の姿が記されています。

10の姿は，幼児期の終わりまでに育ってほしい姿であり，「こうなってほしい」という方向性です。決して子どもに「完成」を求めているわけではないことを忘れないでください。

2 保育所保育における「養護」と「教育」

保育所では、「養護及び教育を一体的に行うこと」が特性とされています。保育指針によると、養護と教育が次のように記載されています。

> 『保育における「養護」とは、子どもの生命の保持及び情緒の安定を図るために保育士等が行う援助や関わりであり、「教育」とは、子どもが健やかに成長し、その活動がより豊かに展開されるための発達の援助である。』
>
> （2017［平成29］年告示　保育所保育指針　第2章より）

すなわち、保育所における「保育」は、養護（生命の保持と情緒の安定）と教育（子どもの健やかな成長を図る）、そして学校教育の基礎としての幼児教育という3つの意味が含まれていることになります。

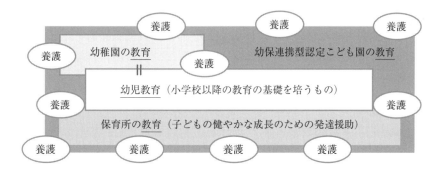

🌱 図2-1　3つの幼児教育施設と「教育」の関係について

ちなみに、幼稚園教育要領には「養護」という言葉は使われていませんが、第1章総則に「安定した情緒の下で」という文言があります。これは「養護」と同じ意味がありますので、幼稚園教育に養護性がないということではありません。

本日の課題

□実習Ⅰの経験から、3～5歳児保育に関する内容について、難しかったこと、うまくできたことなど、事例をエピソードで書いて友達と共有しましょう。
　▶▶▶ 別冊付録2-6

□今日の授業の振り返りをしてみましょう。▶▶▶ 別冊付録　振り返り2-6

第**7**回

配慮の必要な子への関わり

　近年，保育者からみて「気になる子」が増えています。多動であったり，自閉的であったりと，いわゆる発達障害の子は多く，そのほかにも家庭環境が要因で，発達障害に似た症状がみられる子も多いです。保育者という専門的な側面から少し考えていきましょう。

1 発達の個人差について

　2017（平成29）年3月に告示された保育所保育指針ですが，それ以前の保育指針（2008［平成20］年告示版）には，子どもの年齢ごとの発達過程について記されていました。そこには「おおむね○○歳」という言葉が使用されています。あえて「おおむね」という書き方をしているのは，発達には「個人差」が大きいということをあえて強調させるためです。子どもの発達は，多様な経過をたどるという理解のうえに，目の前の一人一人の子どもの特性に応じた支援が必要となります。

2 「気質」の考え方

　周囲の状況にかかわらずよく眠る赤ちゃんもいれば，わずかな音で目を覚ます赤ちゃんもいます。こうした生まれつきの個人の特性を「気質（temperament）」といいます。アメリカの心理学者であるトマス（Thomas, A.）らが実施した「ニューヨーク縦断研究」（1963）によると，気質には9つの特性があるとされています。たとえば，体の動きが活発かそうでないか。環境の変化に慣れやすいかそうでないか。集中力があるかないか。…このような，生まれもった個人差が存在することはさまざまな研究から明らかになっているようです。

　そして，気質的に難しい子（たとえば，気が散りやすい・すぐ泣く・新しいことに適応しにくいなど）は，「育てにくい子」としてレッテルを貼られ，その後の自己肯定感を得る経験が少なく，結果的に問題行動を起こす子どもに成長してしまうというリスクがあるといわれています。

　しかし，気質的に難しい子であったとしても，周囲の大人がしっかりとサポートし，あたたかな養育態度で育てた場合は，問題行動を起こすことなく発達が進むことも近年の研究で明らかになっています。つまり，大人の養育態度が子どもの成長に大きな影響を及ぼすということです。保育者は専門家として，しっかりと子どもの特性を理解し，個々に合った関わり方をする必要があります。

3 保育所に多い発達障害

2013年に改訂されたアメリカ精神医学会が定める精神障害に関するガイドライン「DSM-5」によって改名（日本語訳）された，「自閉スペクトラム症」「注意欠如・多動症（ADHD）」「学習症（LD）」といった発達障害は，ちょうど幼児期に発現するので，いち早く保育者の対応が求められます。

すべての子どもの健やかな育ちを支援するため，障害のある子どもや特別な配慮を必要とする子どもについても，保育所では積極的に受け入れてくれます。そして，そういった子どもへの対応として保育士が多めに配属（支援員）されている園もあります。

4 特別なニーズを必要とする家庭への支援

近年，貧困家庭・外国籍家庭など，特別なニーズを有する家庭への支援が増えてきています。また，児童虐待の件数も増加しています。保育指針では，保育士の役割として「倫理観に裏付けられた専門的知識，技術及び判断をもって，子どもを保育する」と書かれており，保育士は専門家としてさまざまな家庭の親子に対して，適切な対応をとらなければなりません。

児童虐待相談のケースは年々増加しています。子どもと生活をともにする保育士が虐待を発見するということも十分に考えられます。発生予防，発生時の迅速で的確な対応などが求められます。

本日の課題

□ 実習Ⅰの経験から，「気になる子」はいましたか？ そして，どのようなところが気になって，どのような関わり方をしましたか。事例をエピソードで書いて，友達と共有しましょう。▶▶▶ 別冊付録2-7
□ 今日の授業の振り返りをしてみましょう。▶▶▶ 別冊付録 振り返り2-7

第8回

子育て支援の必要性について

1 保育所保育指針における保護者支援の考え方

近年，保護者・家庭および地域と連携した子育て支援の必要性についてくり返し言われるようになりました。保育指針では，以下のような記述がなされています。

> ウ 保育所は，入所する子どもを保育するとともに，家庭や地域の様々な社会資源との連携を図りながら，入所する子どもの保護者に対する支援及び地域の子育て家庭に対する支援等を行う役割を担うものである。
>
> （2017［平成29］年告示 保育所保育指針 第1章 総則より）

2008（平成20）年告示の保育指針では，「保護者に対する支援」という章立てでしたが，2017（平成29）年告示の保育指針では「子育て支援」という章に改められ，記載内容も充実しました。

✓CHECK 子育て支援の必要性についての考え方

①入所している子どもの保護者への支援

　　保護者と連携して子どもの育ちを支えるという視点をもって支援していきます。子どもの育ちを保護者と一緒に喜び合うとともに，保護者の養育する姿勢が伸びていくように，子育ての専門家として関わっていきます。

②入所していない子どもの保護者への支援

　　保育所に入所していない子どもの保護者は，都市化の進展で近隣に子育ての相談相手がいない，子育て交流の場が少ないという状況も考えられます。保育所は地域に開かれた場所として子育てを支援していきます。

③多様な保育の充実について

　日本人は働きすぎであると言われますが，一方で生活のためには働かざるを得ません。待機児童問題もありますが，保育所に入れた家庭でも多くの人が長時間の保育を希望しています。さらに，夜間保育，休日保育，一時保育，病児病後児保育など，多様な保育の充実が求められています。

2　実習生として何ができるのか

　実習生として，複雑な家庭事情のある保護者と話すことは難しいものです。守秘義務の観点からも，通常は実習生に対して家庭の事情を話すことは少ないです（状況にもよりますが）。実習生にできることは，今そこにいる子どもたちと一緒に楽しい日々を過ごすことにあります。保護者とのコミュニケーションは，担当の保育士さんを観察して，話しかけ方や表情・しぐさなどを見て学ぶことが大切です。担当の保育士さんに聞いてみるのもいいでしょう。

もし，保護者や外来者に相談事をもちかけられたら，ただちに担任の先生に報告しましょう。

地域の人との交流会も広がっています。実習中にそういった機会があったら，しっかり観察しておきましょう。将来役に立つことでしょう。

本日の課題

☐ 実習Ⅰの経験から，保護者への対応に関わる機会はありましたか？　事例をエピソードで書いて，友達と共有しましょう。▶▶▶別冊付録２−８
☐ 今日の授業の振り返りをしてみましょう。▶▶▶別冊付録 振り返り２−８

第9回
1日の指導計画を立案する

　2回目の保育所実習では、責任（1日）実習をするとのことですが、そのためにはもちろん、責任実習指導案を作成する必要があります。今回は、責任実習指導案の立案について説明していきます。

「責任実習をしたくないから、実習Ⅱはやりたくない！」という声を聞くことがありますが、自分で保育を展開していくことはとてもやりがいがあることです。しっかり準備していけば、おそれることはありませんよ。

1 責任実習指導案の作成手順

　保育所では、小学校のように1日の活動が時間割で区切られているようなことはありません。しかし、実習を経験していくなかで、ある程度は毎日の決まったルーティンがあることに気づきます。遊びの片づけにどのくらい時間を使うのか、その後の給食は何時ごろからなのか、排泄や着替えのタイミングなど、毎日の生活のなかで実習記録をとっていれば、ある程度の目安はわかることでしょう。書く内容が多すぎて困ってしまうかもしれませんので、ポイントごとにまとめて書ければいいと思います。

POINT 具体的な作成手順

①「登園・降園」といったところから、ほぼ毎日決まっている内容（ルーティン）を記入する。
②主活動のねらいを立て、主活動を決める。
③主活動にとる時間（導入から終わりまで）を決める。
④主活動を中心に、前後の活動の時間配分を決める。

「晴れの日バージョン」と「雨の日バージョン」の両方を提出する場合もあるので、オリエンテーションでしっかりと確認しておきましょう。
また、0、1歳児は、多くの保育所は複数担任ということもあり、1日責任実習を任されることはほとんどありません。

責任実習の指導案は，実際に保育者になったときに役に立ちます。書きっぱなしで終わることのないよう，実習終了後もしっかりと見直しをして，再度確認をしておいてください。

2 全体的な計画と指導計画のつながり

　実習生の作成する1日の指導計画は，保育所の先生が書いている1日の指導計画を，より細かく書き記したものになります。1日の保育計画にいたるまでの道のりは，以下の図のようになっています。復習してみましょう。

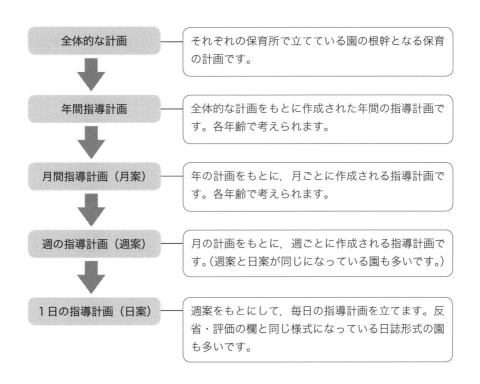

　実習生の指導案はとても細かいものですが，現場に行ってからは，なかなかここまで詳細に書くことはありません。この機会に，しっかりと1日の保育の内容を分析してくださいね。

本日の課題

□実習Ⅰで経験したデイリープログラムをもとにして，責任実習指導案を実際に作成してみましょう。▶▶▶ 別冊付録2-9
□今日の授業の振り返りをしてみましょう。▶▶▶ 別冊付録　振り返り2-9

第10回〜第12回
指導計画をもとに模擬保育を行う

　今回の授業からは，前回作成した指導案をもとに模擬保育をしていくこととします。実習指導Ⅰの第11回の内容と同じになりますが，今回は一人一人が時間をかけてしっかりと模擬保育を行います。また，教員や友達からのアドバイスを受けて自己評価を行い，さらに計画案を見直したうえで再度，模擬保育を行っていきましょう。

1 模擬保育の流れ

　まずは，具体的な模擬保育の流れについてまとめておきますので，確認しておきましょう。

① 5〜7人程度のグループになる。
② 保育士（実習生）役と子ども役，場合によっては担任の先生役も決める。
③ 子ども役は，何歳児になるのかを確認し，しっかり年齢に合った対応をとる。
④ 保育士役は，指導案にそって実践する。
　・子どもへの導入となる最初の言葉かけと保育士としての自分の立ち位置を確認しながら進めていく。
　・計画通りに進めることに専念しすぎず，子どもの声を聞いて対応しながら進めていく。
　・全体を見渡しながら，みんなが参加できるようにする。
　・活動の盛り上がりを大切に，十分に活動を楽しむ。
　・活動のまとめをして，みんなで楽しかったことを共有して終わる。
⑤ 実践後，保育士役の学生は実践を振り返り，反省点をメモする。
⑥ 子ども役は，保育士役が作成した指導案を見て，コメントシートを作成する。
⑦ 子ども役の学生全員からコメントシートをもらい，自分の反省事項と重ねて評価をし，指導案の改善をしていく。

2 自己評価とコメントシート

次に，自己評価をするときとコメントシートを書くとき，それぞれのポイントについてふれておきます。

POINT① 自己評価をする際の目安（保育士役）

①子どもの姿について
・実際の子どもの姿は自分がとらえた姿とズレはなかったか。

②ねらいと内容について
・子どもの年齢や発達に応じた内容であったか。

③時間と環境構成について
・子どもが活動しやすい時間配分であったか。
・自身の立ち位置など考えたとおりにできたか。

④予想される子どもの姿や保育士の援助・配慮について
・導入，展開，まとめがうまくいったか。
・子どもがやってみたくなる楽しい活動になっていたか。

⑤その他
・実践するなかで気がついたことや学んだことはあったか。

POINT② コメントシートの書き方（子ども役）

・子どもの立場での視点と，保育士としての実践に対する視点から客観的に記す。
・指導案の必要事項や，保育の全体像が示されているのかを確認する。
・事前準備は万全であったかを記す。
・実際の活動に対する評価と，保育士としての環境構成について記す。

これだけやれば，もうバッチリでしょう！

本日の課題

□模擬保育を行いましょう。その際，保育士役は終了後に振り返りシートを（別冊付録2－10A），子ども役はコメントシート（別冊付録2－10B）を記入します。▶▶▶ 別冊付録2－10A, 2－10B

□今日の授業の振り返りをしてみましょう。 ▶▶▶ 別冊付録 振り返り2－10, 2－11, 2－12

第13回
実習前の最終確認

いよいよ，2回目の実習も本番が近づいてきました。体調を万全に整えつつ，あらためて実習前の最終確認を行いましょう。

1 実習園とのオリエンテーション

実習Ⅰでも行っているので大丈夫かと思いますが，油断はしないようにしましょう。同じ園での実習であれば，それほど心配はないかもしれませんが，実習園が1回目と異なる場合は，あらためて実習園を調べておく必要があります。

保育所は，保育方針や人間関係など，園によって雰囲気がまったく異なります。

2 巡回教員への挨拶

こちらも，実習指導Ⅰで行っている通りですが，やはり巡回教員が変わるケースもありますので，しっかりとした緊張感をもって臨んだほうがいいですね。2回目の実習の目標を文書や口頭で伝えられるようにしましょう。

本日の課題

□巡回担当の先生は誰で，いつ事前顔合わせを行いますか？
　調べたら下記に記入しておきましょう。

　　　　　　　　　　　　　　　　　　　　　　　　　　先生

　研究室番号　　　　　　　　　　　　　連絡先

　事前顔合わせ予定日

3 実習中のストレスについて

実習中は精神的にもストレスがかかります。結果として免疫機能が低下し，風邪や感染症にかかりやすくなるといった悪循環に陥ります。ストレスをためないよう，以下について心がけましょう。

❗POINT 完全主義や悲観主義に陥らない

1回目の実習ではうまくいったのに，2回目の実習ではうまくできなかったという声もしばしば聞かれます。「2回目だから完璧な実習を！」と気合を入れすぎて失敗しないように，自分に対して柔軟でやさしく接するように心がけてください。

❗POINT 人間関係には気をつけよう

保育士といっても，みんな人間。年齢，保育理念，経験などの差から，考え方の違いがあるのは当然です。少し理不尽に思えるようなことがあっても，「こういった考え方をする人もいるんだな」と，意識しすぎないようにしましょう。ただし，あまりに理不尽なことをされた場合は，必ず巡回教員に話すようにしましょう。

園の先生に限らず，実習生同士の人間関係についても気をつけましょうね。

4 実習終了後について

実習Ⅰと同様，実習記録を受け取った日から1週間以内にお礼状を書いて出します。ていねいに心をこめて書くようにしましょう。

私立の保育所の場合，実習園があなたのことを気に入って，就職のお誘いがあることもあります。自分の進路に関する考えをしっかりと確立しておき，実習園に失礼のないように答えましょう。

第14回～第15回
自己評価と実習の総括

　保育所実習おつかれさまでした。無事に終了しましたか？　今回も1回目の実習と同様に，実習事後指導が行われます。実習を総括してみましょう。以下，3つの課題を示します。

本日の課題①

☐ 【自分の課題の明確化】

　2回目の実習を終え，1回目の実習とは異なった感想や反省があることと思います（新たに責任実習などを通して学んだことなど）。振り返りシートを利用して，もう一度自分を振り返ってみましょう。▶▶▶別冊付録2－14

本日の課題②

☐ 【グループワークでの意見交換】

　第2回（P. 60～61）の授業で行ったように，養成校のクラスメイトとともに，今回の実習に関するテーマを出し合ってみましょう。自分のできているところ，できていないところなどが見えてきます。今後の具体的な課題も見つけていきましょう。▶▶▶別冊付録2－15

本日の課題③

☐ 【報告書の提出】

　実習の振り返りをするなかで，2回目の実習で学んだことをまとめましょう。実習1の報告書(P. 53～55を参照)と同様の内容で提出しましょう(保育所実習1の報告書の項目「6. 部分実習」の部分は「6. 責任実習」に変えましょう)。

参考資料

『全国保育士会 倫理綱領ガイドブック』 柏女霊峰（監修） 全国保育士会（編）（2004） 全国社会福祉協議会

『教育・保育実習マニュアル―子どもたち，そして未来のために―』 鈴木恒一・小原榮子（編）（2008） 久美株式会社

『保育所保育指針』 厚生労働省（2008［平成20］年・2017［平成29］年告示）

『保育所保育指針解説書』 厚生労働省（2008［平成20］年・2017［平成29］年告示）

『保育所保育指針』 厚生労働省（2008［平成20］年・2017［平成29］年告示）

『幼稚園・保育園 実習まるわかりガイド』 高橋かほる（監修）（2009） ナツメ社

『新 保育士養成講座 第9巻 保育実習（改訂1版）』 新保育士養成講座編纂委員会（編）（2015） 全国社会福祉協議会

『教育・保育実習と実習指導』 小田 豊（監修）（2012） 光生館

『保育実習ハンドブック 実習の手引き』 関口はつ江（編）（2012） 大学図書出版

『教育・保育・施設実習の手引』 松本峰雄（編）（2013） 建帛社

『幼稚園教育要領・保育所保育指針の変遷と幼保連携型認定こども園教育・保育要領の成立』 民秋 言（編）（2014） 萌文書林

『教育・保育課程論』 岩崎淳子ほか（2015） 萌文書林

『千春と大吾の保育実習ストーリー』 岩崎淳子（2015） 萌文書林

『幼稚園教育要領・保育所保育指針・幼保連携型認定こども園教育・保育要領の成立と変遷』 民秋 言（編）（2017） 萌文書林

『ここがポイント！ 3法令ガイドブック―新しい「幼稚園教育要領」「保育所保育指針」「幼保連携型認定こども園教育・保育要領」の理解のために―』 無藤 隆・汐見稔幸・砂上史子（2017） フレーベル館

おわりに

みなさん，おつかれさまでした。授業はどうでしたか？　本書は役に立ったでしょうか？

実習から帰ってきた学生たちからは，いろいろな感想が飛び交います。本書の内容に関して言えば「実習記録の書き方は参考になりました」「模擬保育でもらった友達からのコメントは宝物でした！」「漢字の練習が役に立ちました（笑）」など，それなりに効果はあったように思えます。

反面，「実習先から実習記録の書き方を指定されて難しかった」「オリエンテーションでしっかり聞いておいたのに，当日になって変更があって困ってしまった」など，保育現場でのトラブルも毎回見受けられます。保育現場にいた私にとっては耳が痛い話です。実際，保育士の立場で考えたら，養成校によって書き方の異なる実習記録を添削することは困難ですし，保育は「生もの」と比喩されるように，その日にならないとわからないことがたくさんあります。そのあたりの矛盾をどのように学生に伝えるのか，また，保育現場に伝えていくべきか，私のこれからの課題だと思っています。

指導案にしても，本書では実習生の一斉保育を想定した「遊び提案式」の指導計画を紹介しましたが，実習園によっては，自由保育の現場で活用できる「遊び発展式」の指導計画を求められる学生もいました。実際，これも保育士の立場で考えたら「遊び発展式」のほうが就職後に役に立つのではないかと個人的には考えています。こちらも，私の宿題にしたいと思います。

保育という仕事は本当にすてきな職業です。子どもたちのあの純粋な目を見ましたか？　自然に出てくる素朴な言葉を聞きましたか？　実習で少しくらいうまくいかなくても不安にならないでください。子どもたちと一緒にいると本当に気持ちが癒されます。私は現場を離れてしまいましたが，あの体験，感動はお金で買うことのできない大切な時間でした。この本を読んでいるあなたは，これから子どもたちとともに多くの幸せな時間を過ごしていくことと思います。どうぞ，この仕事をポジティブにとらえ，すてきな保育者になってください。心からみなさんを応援しています。

最後になりますが，この本を出版するにあたってご協力いただいた北大路書房編集部のみなさま，企画から関わってくださった若森乾也さんには心より御礼を申し上げます。ありがとうございました。

2017 年 7 月 16 日
佐藤賢一郎

【著者紹介】

佐藤　賢一郎（さとう　けんいちろう）

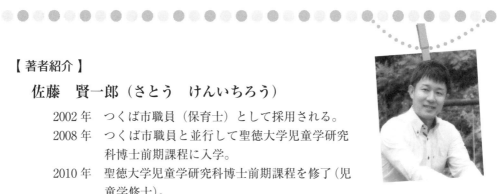

2002年　つくば市職員（保育士）として採用される。
2008年　つくば市職員と並行して聖徳大学児童学研究科博士前期課程に入学。
2010年　聖徳大学児童学研究科博士前期課程を修了（児童学修士）。
2014年　12年間，保育士として勤めたつくば市を退職。
2014年〜現在　聖徳大学児童学部児童学科講師として勤める。

やさしい保育の教科書＆ワークブック

保育所実習の事前・事後指導

| 2017 年 9 月 10 日 | 初版第 1 刷印刷 |
| 2017 年 9 月 20 日 | 初版第 1 刷発行 |

定価はカバーに
表示してあります。

著　者　　佐　藤　賢一郎

発行所　　（株）北大路書房

〒 603-8303
京都市北区紫野十二坊町 12-8
電 話 （075）431-0361 （代）
FAX （075）431-9393
振替　01050-4-2083

©2017

本文人物画イラスト／薄木里奈
印刷・製本／ （株）太洋社

検印省略　落丁・乱丁本はお取り替えいたします
ISBN978-4-7628-2991-8　C3037　Printed in Japan

・ JCOPY 〈(社)出版者著作権管理機構 委託出版物〉
本書の無断複写は著作権法上での例外を除き禁じられています。
複写される場合は，そのつど事前に，(社)出版者著作権管理機構
（電話 03-3513-6969，FAX 03-3513-6979，e-mail: info@jcopy.or.jp）
の許諾を得てください。

別冊付録

ワークブック

クラス	学籍番号	
氏名		

第1部　保育実習指導Ⅰ（保育所）の手引き

本日の課題 ▶▶▶ 第1部の課題にそって，記入しましょう。

◉ 1-1

これまで学修してきた科目について，自分の養成校のカリキュラムマップを利用して振り返りをしてみましょう。
（手元に自分の養成校のカリキュラムマップがない場合は，以下の例を利用してください。）

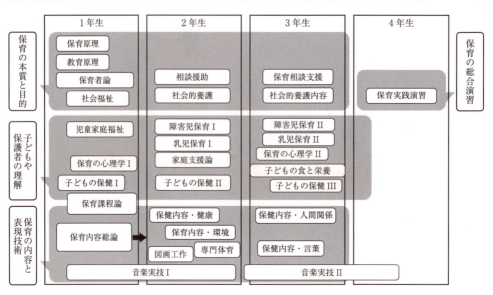

あなたは，どのような学びをしてきましたか？

あなたの得意な科目，自信のある科目は何ですか？

あなたがもっと努力しなければならない科目は何ですか？

あなたは，実習までにどのような準備をしていきたいですか？

第1部　保育実習指導Ⅰ（保育所）の手引き

◎ 1－2A

P. 4の表1－2，表1－3を参考に，あなたの養成校の「実習指導」や「実習」の時期について確認して書き込んでみましょう。

	1年生前期	夏休み	1年生後期	春休み	2年生前期	夏休み	2年生後期	春休み	3年生前期	夏休み	3年生後期	春休み	4年生前期	夏休み	4年生後期

◎ 1－2B

保育所実習に関する映像を視聴して，大事だと思うことを記入しましょう。

memo

1−3

保育所・幼稚園・認定こども園の相違点についてまとめてみましょう。

	保育所	幼稚園	認定こども園
目的			
対象年齢			
職員配置基準			
資格			
根拠となる法律			
管轄			

3つをまとめてみての，あなたの感想を書いてみましょう。

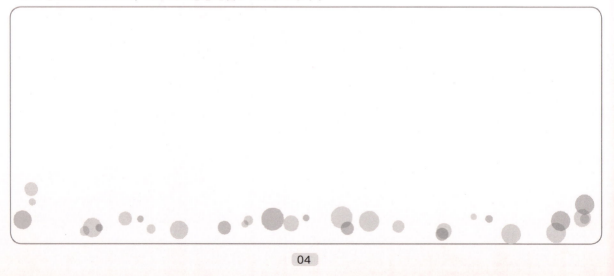

1-4

実習園に電話する場面を想定し，2人組になって練習をしてみましょう。
3つの状況を想定します。どのように話すのか，空欄に要点をまとめてから始めましょう。

＜状況1＞
朝，起きたら熱が38.5℃あり，頭も痛い。とても実習へは行けない体調。

＜状況2＞
電車通勤。乗っていた電車が緊急停止。「復旧の見込みは未定」と電車内に放送が入る。

＜状況3＞
家を出て，園の近くまで来て忘れ物（昨晩書き上げた実習記録）に気がつく。
家に取りに帰ったらギリギリで出勤時間に間に合わない。

1−5

あなたは，0〜2歳児クラスの子どもと関わるうえで，どのようなことに留意しますか？
クラス別に要点をまとめてみましょう。

0歳児クラス

1歳児クラス

2歳児クラス

---

memo

1−6

あなたは，3〜5歳児クラスの子どもと関わるうえで，どのようなことに留意しますか？
クラス別に要点をまとめてみましょう。

3歳児クラス

4歳児クラス

5歳児クラス

---

memo

1-7

実習のための個人調書,練習用のシートを用意しましたので,作成してみましょう。

個人調書　練習用シート	
趣味・特技	
性　格	
子どもと触れ合った経験	
実習での目標	
将来どのような保育者になりたいか	

◎ 1−8

次の漢字テストを用意しましたので，やってみましょう。

生活に関する項目	
①こどものうけいれ→	⑨ごすい→
②ししんをする→	⑩ふとんしき→
③れんらくちょう→	⑪きがえ→
④けんおんする→	⑫あしふき→
⑤りにゅうしょく→	⑬きしょう→
⑥はいぜんする→	⑭あいさつ→
⑦しょくじのかいじょ→	⑮みじたく→
⑧はいせつをうながす→	⑯おむかえ→

声かけに関する項目	
①みとめる→	⑥うながす→
②うけいれる→	⑦みまもる→
③こえかけをする→	⑧なかだち→
④はいりょする→	⑨さそう→
⑤しんらいかんけい→	⑩たっせいかん→

よく使われる言葉	
①３さいいじょうじ→	⑧こそだてしえん→
②３さいみまんじ→	⑨ちいきとのれんけい→
③はやばんほいく→	⑩えんていのかいほう→
④おそばんほいく→	⑪いねんれい→
⑤げつれい→	⑫ゆうぎしつ→
⑥かんごし→	⑬ほいくしつ→
⑦えいようし→	⑭ようごときょういく→

(答えは，本文 p.31 にあります)

◉ 1－9

P.33，34，36 の実習記録の例を見て，書き方・表現などで気がついたことを書いてみましょう。

「1 日の流れのページ」で気がついたこと

「考察のページ」で気がついたこと

グループのみんなの意見

memo

第1部　保育実習指導Ⅰ（保育所）の手引き

◉ 1−10

部分実習指導案の作成をしましょう。

年　　　月　　　日（　　　）	実習生名	
ぐみ（　　歳児）	男児　　　名 ・ 女児　　　名　［計　　　名］	

子どもの姿	ねらい	内容

時間	環境の構成	予想される子どもの姿	保育者の援助・配慮

実習生の反省・評価	

11

第1部　保育実習指導Ⅰ（保育所）の手引き

◉ 1−11

友達の模擬保育を見て，コメントしてみましょう。

さんへのコメント（メモ）

さんへのコメント（メモ）

さんへのコメント（メモ）

友達から，あなたへのコメント（メモ）

模擬保育をしてみてのあなたの感想

第1部　保育実習指導Ⅰ（保育所）の手引き

◎ 1−12

オリエンテーションの電話や確認することのリストを作成し，2人組（実習生役と園長役）になって練習してみましょう。

園長役のポイント

いろいろなことを想定して話してみましょう。練習ですので，ちょっと意地悪な感じにやってみてもいいと思います。（わざと聞こえづらい声で話してみる・日程の都合が悪いと断るなど）

▼ 実習生役のメモ

実習園に確認することを，あらかじめまとめておきましょう。

実習園から言われたことをメモしてみましょう。

memo

● 1－13

お礼状を書く際のメモに使ってみてください。

実習終了日	実習記録の返却日	お礼状の投函日

保育所実習での思い出やエピソード

1-14

P.51の表1-23を参考に、保育所実習を振り返りながら、あなたの気持ちの浮き沈みをグラフ化して、その理由も書いてみましょう。

	1日目	2日目	3日目	4日目	5日目	6日目	7日目	8日目	9日目	10日目	11日目	12日目
担当クラス												
保育の内容												
とても良い												
良い												
普通												
悪い												
とても悪い												

P.52の表1-23「実習における評価のポイント」を参考に、あなた自身の実習の評価をして、点数をつけてみましょう。

私の実習の点数

　　　　　　　　/100点満点中

点数の理由と、今後の課題について書いてみましょう。

第1部 保育実習指導Ⅰ（保育所）の手引き

本日の授業を振り返ってみましょう

本日の授業で特に印象に残ったことや，これから気をつけたいと思ったことなどを中心に書いてみましょう。

◉ 振り返り1-1

　　　年　　月　　日（　）

◉ 振り返り1-2

　　　年　　月　　日（　）

◉ 振り返り1-3

　　　年　　月　　日（　）

第1部　保育実習指導Ⅰ（保育所）の手引き

◉ 振り返り 1 − 4

年　　月　　日（　　）

◉ 振り返り 1 − 5

年　　月　　日（　　）

◉ 振り返り 1 − 6

年　　月　　日（　　）

◉ 振り返り 1 − 7

年　　月　　日（　　）

◉ 振り返り 1 − 8

　　　　　年　　月　　日（　　）

◉ 振り返り 1 − 9

　　　　　年　　月　　日（　　）

◉ 振り返り 1 − 10

　　　　　年　　月　　日（　　）

◉ 振り返り 1 − 11

　　　　　年　　月　　日（　　）

◉ 振り返り 1 − 12

　　　　　年　　月　　日（　　）

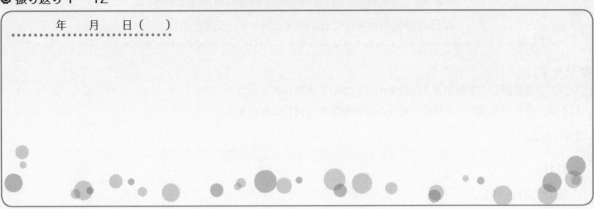

◉ 振り返り 1 − 13

　　　　　年　　月　　日（　　）

◉ 振り返り 1 − 14

　　　　　年　　月　　日（　　）

第2部　保育実習指導Ⅱ（保育所）の手引き

本日の課題 ▶▶▶ 第2部の課題にそって，記入しましょう。

◉ 2-1

シラバスを確認し，実習指導Ⅱの授業内容について理解しましょう。

以下は，厚生労働省が示す保育士養成施設の運営基準資料になります。

【保育実習】

＜科目名＞ 保育実習指導Ⅱ
＜目標＞ 1. 保育実習の意義と目的を理解し，保育について総合的に学ぶ。 2. 実習や既習の教科の内容やその関連性を踏まえ，保育実践力を培う。 3. 保育の観察，記録及び自己評価等を踏まえた保育の改善について実践や事例を通して学ぶ。 4. 保育士の専門性と職業倫理について理解する。 5. 実習の事後指導を通して，実習の総括と自己評価を行い，保育に対する課題や認識を明確にする。
＜内容＞ 1. 保育実習による総合的な学び 　（1）子どもの最善の利益を考慮した保育の具体的理解 　（2）子どもの保育と保護者支援 2. 保育実践力の育成 　（1）子どもの状態に応じた適切なかかわり 　（2）保育の表現技術を生かした保育実践 3. 計画と観察，記録，自己評価 　（1）保育の全体計画に基づく具体的な計画と実践 　（2）保育の観察，記録，自己評価に基づく保育の改善 4. 保育士の専門性と職業倫理 5. 事後指導における実習の総括と評価 　（1）実習の総括と自己評価 　（2）課題の明確化

◎ 2−2

グループの中で実習に関するテーマを決めて話し合い，全体発表をしましょう。

あなたのグループのテーマ

あなたの意見

みんなからの意見

◎ 2－3A

実習Ⅱにおけるあなたの目標を3つ書いてみましょう。

保育所実習Ⅱにおける，私の目標は次の3点になります。

1.

（理由）

2.

（理由）

3.

（理由）

◎ 2－3Ｂ
実習記録コメントシートに記入しましょう。

_____さんから　　　　　_____さんへのコメント

_____さんから　　　　　_____さんへのコメント

_____さんから　　　　　_____さんへのコメント

_____さんから　　　　　_____さんへのコメント

みんなからコメントをもらってのあなたの感想

第2部　保育実習指導Ⅱ（保育所）の手引き

◉ 2－4

実習Ⅰの経験から，保育士倫理に関することで気になったこと，疑問に思うことなど，事例をエピソードで書いて，友達と共有しましょう。

事例タイトル：

事例タイトル：

memo

◉ 2−5

実習Ⅰの経験から，0〜2歳児保育に関する内容について，難しかったこと，うまくできたことなど，事例をエピソードで書いて，友達と共有しましょう。

事例タイトル：

事例タイトル：

事例タイトル：

memo

第2部　保育実習指導Ⅱ（保育所）の手引き

◎ 2－6

実習Ⅰの経験から，3～5歳児保育に関する内容について，難しかったこと，うまくできたことなど，事例をエピソードで書いて，友達と共有しましょう。

事例タイトル：

事例タイトル：

事例タイトル：

memo

2-7

実習Ⅰの経験から，「気になる子」はいましたか？　そして，どのようなところが気になって，どのような関わり方をしましたか。事例をエピソードで書いて，友達と共有しましょう。

> **どのようなところが気になりますか？　具体的な気になる行動をエピソードで書きましょう。**

> **その子に対する担当保育士の関わり方**

> **その子に対するあなたの関わり方**

> **エピソードに関するみんなからのコメント**

◉ 2−8

実習Ⅰの経験から，保護者への対応に関わる機会はありましたか？　事例をエピソードで書いて，友達と共有しましょう。

どのような場面で，保護者対応をしましたか？　具体的なエピソードを書いてみましょう。

その保護者に対して，あなたはどのような対応をしましたか？

その保護者に対して，担当の保育士さんは，どのように対応していましたか？

友達のエピソードを聞いて，あなたが考えたこと・感じたことはありますか？

memo

◉ 2-9

責任実習指導案を書きましょう。

年　　月　　　日（　　）	実習生名		
ぐみ（　　歳児）	男児　　名 ・ 女児　　名 ［計　　名］		
子どもの姿	ねらい		内容
時間	環境の構成	予想される子どもの姿	保育者の援助・配慮

◉ 2−9（つづき）

時間	環境構成	予想される子どもの姿	保育者の援助・配慮
実習生の 反省・評価			

◉ 2－10A

模擬保育振り返りシート（保育士役）を記入しましょう。

みんなからあなたへのコメント

自己評価

● 2−10B①

模擬保育コメントシート１（子ども役から保育士役へのコメント）を書きましょう。

さんから　　　　　　　　さんへのコメント

さんから　　　　　　　　さんへのコメント

さんから　　　　　　　　さんへのコメント

さんから　　　　　　　　さんへのコメント

◉ 2－10B②

模擬保育コメントシート2（子ども役から保育士役へのコメント）を書きましょう。

さんから　　　　　　　さんへのコメント

さんから　　　　　　　さんへのコメント

さんから　　　　　　　さんへのコメント

さんから　　　　　　　さんへのコメント

◉ 2−14

P. 51の表1−22を参考に，保育所実習を振り返りながら，あなたの気持ちの浮き沈みをグラフ化して，その理由も書いてみましょう。

	1日目	2日目	3日目	4日目	5日目	6日目	7日目	8日目	9日目	10日目	11日目	12日目
担当クラス												
保育の内容												
とても良い												
良い												
普通												
悪い												
とても悪い												

P. 52の表1−23「実習における評価のポイント」を参考に，あなた自身の実習の評価をして，点数をつけてみましょう。

私の実習の点数

/100点満点中

点数の理由と，今後の課題について書いてみましょう。

● 2-15
グループの中で実習に関するテーマを決めて話し合い，全体発表をしましょう。

あなたのグループのテーマ

あなたの意見

みんなからの意見

本日の授業を振り返ってみましょう

本日の授業で特に印象に残ったことや，これから気をつけたいと思ったことなどを中心に書いてみましょう。

◉ 振り返り2－1

　　　年　　月　　日（　）

◉ 振り返り2－2

　　　年　　月　　日（　）

◉ 振り返り2－3

　　　年　　月　　日（　）

◉ 振り返り2-4

　　　年　月　日（　）

◉ 振り返り2-5

　　　年　月　日（　）

◉ 振り返り2-6

　　　年　月　日（　）

◉ 振り返り2-7

　　　年　月　日（　）

◎ 振り返り２－８

年　月　日（　）

◎ 振り返り２－９

年　月　日（　）

◎ 振り返り２－10

年　月　日（　）

◎ 振り返り２－11

年　月　日（　）

◉ 振り返り２−12

年　月　日（　）

最後の振り返り

全体を振り返って，特に印象に残ったことや気づいたこと，今後に活かせそうなことなどを中心に，自分なりのまとめを書いてみましょう。

年　月　日（　）

別冊付録

やさしい保育の
教科書&ワークブック

保育所実習の
事前・事後指導

佐藤 賢一郎（著）

(株)北大路書房

本書の無断複写は著作権法上での
例外を除き禁じられています。